KID'S BEAUTY BIBLE

키즈 뷰티 바이블 ❶

신혜숙 지음

우리 아이
키 커지는 하루 30분

살림

contents

4
추천의 글

6
들어가는 글
우리 아이, 밝고 건강하게 키우는 요가습관

10
키에 대한 오해와 진실 Yes or No

13
내 아이의 키 크기 잠재력은 몇 점?

part 1.
꿈과 희망이 자라는 키 크기 준비운동

18
성공사례
밥을 잘 안 먹던
지유가 변했어요!

20
일곱빛깔 무지개처럼
길쭉길쭉 몸 늘리기

34
뭉게뭉게 구름처럼
가볍게 몸 풀기

42 ⟨용기를 주는 이야기⟩
꿈이 있는 사람은 특별해진다

part 2.
하늘만큼 키가 커졌어요. 키 쑥쑥 요가

50
성공사례
밤새 울고 보채던
민혁이가 달라졌어요!

52
앉아서 할 수 있는
즐거운 요가 놀이

66
엎드려서 할 수 있는
즐거운 요가 놀이

80
누워서 할 수 있는
즐거운 요가 놀이

90
서서 할 수 있는
즐거운 요가 놀이

102 ⟨용기를 주는 이야기⟩
가슴속에 숨어 있는 열망을
끄집어내라

106
성장을 도와주는
여러 가지 요소

part 3.
온몸이 유연해져요. 몸 활짝 요가

116
성공사례
태형이의 키가 쑥쑥 자랐어요!

118
친구, 동생과 함께 하는 즐거운 요가 놀이

126
엄마와 함께하는 즐거운 요가 놀이

146 〈용기를 주는 이야기〉
몰두와 집중의 신비로운 힘을 체험하라

part 4.
숨은 키를 늘려줘요. 키 쭉쭉 마사지

154
성공사례
민영이, 수영이에게 놀라운 습관이 생겼어요!

156
엄마의 사랑이 느껴지는 키 크는 마사지

170 〈용기를 주는 이야기〉
미래를 위한 나만의 비밀을 만들어라

part 5.
키 크는 운동 플랜, 완전정복 가이드

176
우리 아이 키 커지는 데일리 플랜

182
우리 아이 키 커지는 위클리 플랜

190 〈용기를 주는 이야기〉
목표란 매 순간 가슴에 그리는 '나만의 이미지'

194
저자소개

부록. 키 크는 운동 브로마이드

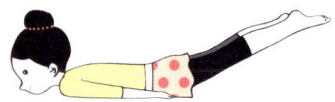

추천의 글

부모의 노력과 관심이
아이의 미래를 결정한다

부모의 교육, 특히 엄마의 노력과 관심이 아이의 미래에 얼마나 큰 영향을 미치는지는 어느 부모든 잘 알고 있다. 하지만 알고 있는 만큼이나 실천이 힘든 것도 사실이다. 관심을 가진다는 것이 자칫 과잉보호가 될 수 있고, 자유를 준다는 것이 방관이 되어버리는 경우가 허다하니 말이다.

이 책을 읽으면서 나는 요즘 아이들의 모습과 부모의 모습을 그려보게 되었다. 이미 서로 어울려 뛰어노는 문화에서 멀어진 아이들은 하루 종일 학교, 학원에서 시간을 보내고 집으로 돌아와 컴퓨터 앞에서 시간을 보낸다. 부모와 대화하는 시간은 대폭 줄었음은 물론이다. 그러니 자연적으로 부모와 자녀가 서로 몸을 부대끼며 즐겁게 보낼 시간이 훨씬 줄어든 것이 현실이다. 맞벌이 부부가 늘어나면서 하다못해 부모와 아이가 일주일에 한두 번 산책을 하는 모습조차도 흔치 않은 정경이 되었다.

지나친 비만이나 마른 체형을 가짐으로써 각종 질병에 시달리는 아이들, 또 작은 체구나 비정상적인 성장률로 고민에 빠진 아이들, 운동습관을 길러주지 않아 면역력이 현저하게 떨어지는 아이들……. 뒤늦게야 그런 아이들을 안고 걱정스런 얼굴로 병원을 찾는 부모들이 늘었다. 그런 아이들을 보면서, '하루 5~10분만이라도 운동할 수 있는 습관을 들인다면 얼마나 좋을까' 하는 안타까움을 많이 느낀다.

작은 습관들이 모여 그 사람의 성향을 만들고, 그 사람의 미래를 만든다. 아이가 어릴 적부터 좋은 습관을 갖게 된다면, 몸도 마음도 늘 밝고 긍정적인 사람으로 자라나지 않을까? 누구나 쉽게 따라 할 수 있고, 부모 또한 쉽게 아이에게 가르쳐줄 수 있는 요가와 마사지 방법들, 너무나도 예쁘고 아기자기하게 구성되어 있는 이 책을 잘 활용해서, 지금부터라도 아이에게 평생의 가장 값진 선물이 될 '행복한 습관'을 가르쳐주면 어떨까?

크는 아이 랜드, **이명아** 선생님

아이와 나, 함께 건강해지고, 함께 행복해지기

나에게는 열한 살 된 아들이 하나 있다. 이제 4학년. 초등학교에 들어가면서 이전과는 사뭇 다른 모습을 보이더니 초등학교 고학년에 접어들면서는 또 다른 '성장의 포스(?)'가 느껴진다.

내가 지금까지 아이를 키워온 방식은 좋게 말하면 '방목(放牧)'이고 냉정하게 말하면 '방기(放棄)'라고 해야 할 것이다. 너무 바빴다는 핑계를 댈 수는 있겠지만……. 하지만 이제는 '아이를 위한 어떤 프로그램을 준비해야 하지 않을까?' 하는 조바심이 생긴다.

남들은 어떻게 하고 있나 기웃거려 보니, 아무래도 공부에 대한 계획들이 대부분인 것 같다. 그렇다면 나는?

나의 지난날을 되돌아보고 곰곰이 생각해보면 그 시기에 가장 중요한 건 '균형'인 것 같다. 공부라는 의무의 압박감을 견뎌내며 페이스를 잃지 않도록 하는 강건한 마음과 몸 말이다. 그러기 위해서는 수학이나 영어 공부 같은 일반적으로 정형화되어 있는 프로그램 이외에도 건강을 위한 계획과 매뉴얼들이 있었으면 좋겠다는 생각을 하게 된다.

나는 아이들 옷을 만드는 사람으로서 이 책에 참여하게 되었다. 작은 역할이지만 위와 같은 나의 고민들에 대한 구체적인 방법을 제시해주는 책이어서 더 많은 관심과 노력을 기울인 것 같다. 우리 아들과 함께 책에 나온 내용대로 따라 하다 보면 나도 덩달아 건강해지지 않을까.

아동 의상 디자이너, **김정선** 대표

들어가는 글

우리 아이,
밝고 건강하게 키우는 요가습관

**우리 아이의 키,
나를 닮아 작지 않을까 고민인가요?**

요즘 아이들은 부모가 생각하는 것보다 키에 대한 관심이 훨씬 높습니다. 실제로 많은 아이들이 또래보다 작을 경우 자신감을 잃거나 소외감을 느낀다고 합니다. 반면, 남자든 여자든 평균보다 키가 큰 사람들은 키가 작은 사람들보다 행복 지수가 높다고 합니다. 평소 우울함을 자주 느끼는 사람들은 대개 평균 키보다 작았고, 키가 큰 사람들은 자신의 삶에 대해서 부정적인 감정보다는 만족감을 더 느낀다는 것입니다. 물론 키가 크다고 해서 모두가 행복한 것은 아니지만 요즘 세상에서 키는 단순히 외관의 문제에만 그치지 않습니다.

또래에 비해 내 아이의 키 성장이 유난히 굼뜨다면 어떤 수단과 방법을 써서라도 키를 크게 만들어주고 싶은 것이 부모의 마음입니다. 그러나 대부분의 부모가 아이의 키는 유전이라고 생각합니다. 자신의 키가 작을 경우, 아이의 키도 어쩔 수 없이 작을 거라고 단정 짓고 자신의 작은 키를 원망만 하는 경우가 많지요.

그렇다면 과연, 아이들의 키가 결정되는 데 유전적 요인은 얼마나 많은 부분을 차지할까요?

실제로 아이의 키는 유전, 생활습관, 식습관, 운동, 만성질환 등 여러 가지 요인으로 결정됩니다.

키가 크는 요인

77%
환경적 요인

23%
유전적인 요인

전문가들은 "키가 크는 데는 분명 유전적인 요인이 작용하지만 예전보다 생활환경과 삶의 질이 향상된 현대사회에서 키는 23%만이 유전이고, 나머지 77%는 그 외의 환경적 요인에 의해 결정된다"고 말합니다. 내 키가 아무리 작아도, 내 아이는 노력 여하에 따라 얼마든지 클 수 있다는 것입니다. 내 아이가 다른 아이보다 작다고 생각된다면, 지금 당장 키가 클 수 있는 환경을 만들어주세요. 지금부터 시작해도 절대 늦지 않습니다.

사춘기 전 급성장기에는 잘만 관리해주면
7~8cm 이상 자랄 수 있습니다

　아이의 키가 쑥쑥 자라기 위해서는 생활습관을 올바르게 잡아주는 것이 중요합니다. 우선 '내 아이의 키는 노력만 하면 얼마든지 자랄 수 있다'라는 적극적이고, 긍정적인 마음을 갖도록 하십시오. 그런 다음 아이의 키가 얼마나 컸으면 좋겠다는 목표를 정하도록 합니다.

　보통 '0~2세, 사춘기 전 2~3년, 성장판이 닫히기 전'이 아이들이 눈에 띄게 성장하는 시기입니다. 이때를 놓치지 말고 잘 관리해주는 것이 중요합니다. 특히 사춘기 전 급성장기 때에는 잘만 관리해주고 노력하면 1년 만에 7~8cm 이상 자라는 것도 가능합니다.

어떤 생활습관을 길러야
아이의 키가 쑥쑥 자랄 수 있을까요?

　아이의 키를 쑥쑥 키워주기 위해서는 충분한 잠이 필수조건입니다. 저녁 10시부터 아침 6시까지 8시간 이상 충분히 잠을 자도록 해야 합니다. 특히 저녁 10시부터 새벽 2시까지는 성장호르몬 분비가 가장 왕성한 시간이기 때문에 반드시 아이가 잠자리에 들도록 해야 합니다.

　균형 잡히고 영양 있는 식단 또한 키를 자라게 하는 데 중요한 요소입니다. 칼슘과 단백질이 풍부한 식사를 하고, 신선한 야채와 과일로 비타민과 무기질을 풍부하게 섭취하도록 해야 합니다. 집을 지을 때 재료가 필요하듯이 키가 크기 위해서는 뼈와 근육을 만드는 재료를 충분하게 공급해주어야 하는 것이죠.

　또한 아이에게 비염과 축농증, 아토피와 천식 등 만성질환이 있는지 반드시 체크해보세요. 이런 만성질환은 성장의 큰 걸림돌이 됩니다. 숙면을 방해하고, 아이들의 집중력을 약화시키며 체력을 저하시키기 때문입니다. 아이가 위와 같은 만성질환에 시달리고 있다면 반드시 치료해주어야 합니다.

마지막으로 아이의 키를
'쑥쑥' 자라게 하기 위해
가장 중요한 한 가지가 남았습니다.

바로 '운동하는 생활습관'입니다. 음식만큼이나 중요한 운동습관, 어릴 때부터 부모가 도와주어야 합니다.

　우리 아이의 키를 10cm 이상 키워줄 가장 중요한 생활습관, 별도의 비용 없이 특별한 도구 없이 우리 엄마가 직접 가르쳐줄 수 있는 것, 그것이 바로 운동입니다. 그 중에서도 언제 어디서나 쉽고 간편하게 즐겨 할 수 있는 '키 크는 요가'가 가장 지혜로운 방법이 될 것입니다.

　지금부터 이 책과 함께 할 하루 30분의 투자로 아이의 키를 10cm 이상 키워줄 수 있습니다. 하지만 아직 어린 아이들은 인내심과 의지력이 부족하기 때문에 키 크는 습관을 가지기 위해서는 부모님의 도움이 꼭 필요합니다. 세상에 노력 없이 얻을 수 있는 것은 없습니다. 아이의 먹거리와 잠자리에 신경을 쓰는 만큼 아이의 놀이와 생활습관에도 많은 관심과 노력이 필요합니다.

　요가를 통해 아이의 팔과 다리, 척추를 자극해주면 뼈 말단의 성장판을 자극하여 키가 크게 됩니다. 올바른 요가는 성장판 주위의 관절이나 근육을 풀어주어 뼈의 활발한 성장을 도와줍니다. 이 책에는 우리 아이에게 딱 맞는 재미있는 요가 동작과 아이의 성장을 도와주는 마사지 방법이 알기 쉽고 따라 하기 편하게 잘 정리되어 있습니다.

이 책과 함께하는 요가와 마사지를 통해 근육과 관절을 충분히 움직여 유연성을 길러줌으로써 관절의 가동 범위를 넓혀주고, 요가 동작을 반복하는 과정에서 근육의 힘과 탄력성도 길러줄 수 있습니다. 또한 아이를 올바른 자세로 움직이게 하여 몸의 라인도 예쁘게 가꿔줍니다. 엄마와 함께 땀도 흘리고 스킨십도 하면서 아이는 쌓인 스트레스를 풀고 내장기관을 튼튼하게 할 수 있습니다. 이러한 과정을 통해 키가 크는 것은 물론 엄마와의 유대감도 훨씬 좋아지게 됩니다.

엄마, 아빠와 함께하는 사랑 가득한 요가!
친구와 함께하는 재미있고 신나는 요가!
아이에게 엄마의 사랑을 마음껏 표현해줄 수 있는 마사지!
하루 30분 요가습관은 내 아이를 밝고 건강하게 키우는 가장 쉬운 방법입니다.

자, 이 책과 함께 지금 바로 시작해볼까요?

2010년 7월
신혜숙

YES 무릎을 꿇고 앉으면 키 크는 데 방해가 된다?

잠깐 동안 무릎을 꿇고 앉는 것은 큰 상관이 없다. 하지만 무릎을 꿇고 앉으면 관절과 다리 근육의 신경을 압박하여 혈액 순환에 방해가 되기 때문에 키가 크지 않는다. 따라서 오랜 시간 이런 자세로 앉아 있으면 아이의 성장에 방해가 된다. 어쩔 수 없이 오랜 시간 무릎을 꿇고 앉아 있었다면 반드시 휴식을 취해주고 다리 마사지를 해주는 것이 좋다.

YES 무거운 가방을 메고 다니면 키가 자라지 않는다?

무거운 책이나 물건을 한쪽으로만 메는 가방에 넣고 다니면 아이 몸의 균형이 맞지 않게 된다. 양쪽 어깨에 메는 가방이라 할지라도 아이가 너무 무거운 가방을 메고 다니면 뼈의 성장을 저해하게 된다.

YES 밥 먹고 나서 휴식을 취하면 키가 큰다?

필수 영양소가 골고루 들어 있는 올바른 식단의 밥을 맛있게 먹었다면 10분 정도의 휴식을 취하는 것이 좋다. 식사 후 휴식은 소화를 도와주고 신진대사를 활발하게 해주어 성장하기에 좋은 조건을 만들어준다.

키에 대한 오해와 진실

냉정하게 말하자면 아이의 키가 작은 것은 대부분이 부모의 탓이다. 단순히 유전적인 요인만을 탓하는 것이 아니다. 아이의 키 성장 중 유전은 23%밖에 영향을 미치지 못한다. 물론 키가 큰 부모에게서 태어난 아이가 키가 작은 부모에게서 태어난 아이보다 더 크게 자랄 수 있다. 하지만 나머지 77%는 바로 부모의 노력 여하에 달려 있다.

Yes or No

YES 달밤에 체조를 하면 키가 큰다?

성장 체조는 성장호르몬이 많이 분비되는 시기에 하면 효과가 좋다. 성장기 아이의 성장호르몬은 아침에 일어났을 때와 잠들기 전의 시간이 그 외의 다른 시간보다 25배나 많이 분비된다. 따라서 잠들기 전과 잠자리에서 일어난 직후 성장체조를 하는 것이 바람직하다.

NO 자주 감기에 걸리면 키가 자라지 않는다?

감기에 자주 걸린다고 해서 키가 크지 않는 것은 아니다. 하지만 장기적인 만성질환의 경우라면 문제가 될 수 있다. 만성질환이란 심장병, 신장질환, 폐질환, 갑상선질환 등 약물을 장기간 복용해야 하는 질환을 말하는데, 이 외에도 알레르기성 비염과 천식, 아토피도 아이의 성장을 방해하는 질병이다. 이런 질병들은 영양 섭취와 숙면을 방해하는 요소다.

YES 초경을 빨리 하면 키가 작다?

여자아이들의 경우 성호르몬 분비가 시작되고 초경이 시작되면 성장호르몬의 분비가 그만큼 적어지게 된다. 그래서 키가 자랄 수 있는 시기를 놓치게 된다. 초경 시기는 성 호르몬 분비가 많아지면 많아질수록 빨라진다. 따라서 아이의 호르몬 분비를 촉진하는 과도한 영양제나 지나친 육식은 피하도록 한다.

YES **성장판이 닫히면 키가 크지 않는다?**
성장판은 뼈와 뼈 사이의 연골이 분화되는 부분을 말한다. 성장판이 닫힌다는 것은 연골이 굳어져 단단한 다른 부분의 뼈처럼 변화한다는 것을 의미한다. 성장판이 닫히면 더 이상 새로운 골세포가 형성되지 않으며 뼈의 길이 성장이 불가능해진다.

NO **부모의 키가 크면 아이의 키는 100% 크다?**
키를 유전이라고 생각할 수 있는데 키를 크게 하는 요인 중 선천적인 것은 23% 정도에 불과하다. 나머지는 영양, 운동 그 밖의 환경적 요인들이 영향을 미친다. 따라서 엄마와 아빠의 키가 작다고 해서 작을 것이라고 걱정하지 말고 아이가 꾸준한 운동과 영양섭취를 할 수 있도록 부모의 노력이 필요하다.

YES **자세가 바른 아이가 키가 큰다?**
자세가 바르지 못하면 척추에 문제가 생긴다. 척추는 몸의 기둥 역할을 하는 몸의 중심으로 총 26개의 뼈로 이루어져 있는데 평소 자세가 바르지 않아서 척추가 휘어지면 제대로 성장할 수 없다. 척추가 굽은 경우에는 키가 3cm 이상 자라지 못한다고 한다. 때문에 아이가 바른 자세로 앉거나 걷는 것은 척추를 반듯하게 해주어서 키가 크는 데 매우 중요하다.

아이를 크게 키우려면 우선, 키에 대한 올바른 상식이 필요하다. 올바른 상식을 바탕으로 성장을 위한 최적의 여건을 만들어주는 것이 바로 부모의 역할이다. 그런데 부모인 나는 과연 키에 대해 얼마나 알고 있을까? 내 아이를 크게 키우기 위한 밑거름이 되는 '키에 대한 오해와 진실'을 파헤쳐보자.

YES **농구를 하면 키가 큰다?**
농구를 하면 높이 있는 공을 잡거나 던지는 등의 행동을 반복하게 된다. 이런 행동을 통해 관절과 근육이 늘어났다가 줄어드는 것을 반복하면서 성장판에 적당한 자극을 주게 된다. 단, 관절에 너무 강한 충격을 주거나 무릎과 발목에 심한 부상을 입지 않도록 하고 편한 신발을 신도록 한다.

YES **손발이 크면 키도 크다?**
성장호르몬이 주로 작용하는 장소는 '성장판'이라는 부위. 이곳은 팔과 다리, 손가락 발가락, 무릎 관절 등 신체의 말단 부위에 위치하고 있다. 따라서 손발이 크고 길다는 것은 성장판이 발달하여 성장이 활발하게 이루어질 수 있는 가능성을 보여주는 것이다.

NO **살이 키로 간다?**
성장기의 올바른 영양 섭취는 성장에 큰 도움이 된다. 하지만 지나치게 고열량의 음식을 섭취하거나 과식과 폭식을 하게 되면 소아비만을 가져오게 된다. 지나친 체중 증가는 성장을 저해하는 요소가 될 수 있고, 다른 병을 유발할 수 있으므로 성장기에 아이가 비만이 되지 않도록 주의해야 한다.

YES **잠을 많이 자면 키가 큰다?**
성장에 꼭 필요한 성장호르몬은 수면 중에 가장 많이 분비가 된다. 따라서 잠을 잘 자면 키가 잘 클 수 있다. 성장호르몬은 잠이 들고 1~2시간 후에 가장 많이 분비가 되므로 너무 늦게 잠자리에 들지 않도록 하고 숙면을 취할 수 있는 환경을 제공해주는 것이 좋다. 성장기 아이는 최소 6시간 이상은 잠을 자도록 해야 한다.

NO 키 크는 데 가장 필요한 영양소는 칼슘이다?

뼈를 만드는 주요 원료가 칼슘이므로 칼슘만 많이 섭취하면 키가 저절로 클 것이라고 생각하기 쉽다. 하지만 우리 몸을 구성하는 혈액과 피부를 만드는 단백질, 성장을 촉진하는 비타민, 소화를 돕는 식이섬유 등 키 성장을 도와주는 4대 영양소를 골고루 섭취하는 것이 바람직하다.

YES 스트레스를 받으면 키가 안 큰다?

어릴 때부터 과도한 스트레스를 받으면 호르몬 분비가 억제되고 근육이 뭉치며 내장 운동이 원활하지 않아 소화가 잘 되지 않는다. 반대로 편안하고 정신적으로 만족감을 느끼면 키를 크게 하는 성장호르몬이 왕성하게 분비된다. 아이가 스트레스를 받지 않고 즐거운 마음으로 생활할 수 있도록 하는 것이 키 성장에 도움이 된다.

NO 성장판이 닫히면 더 이상 성장호르몬 분비가 안 된다?

성장판이 닫힌다 해서 성장호르몬의 분비가 완전히 끝나는 것은 아니다. 다만 성장호르몬의 양은 줄어든다. 소량의 호르몬 분비는 살아 있는 동안 계속된다. 그러나 어느 정도 나이가 들면 성장호르몬은 뼈의 성장보다는 골밀도의 변화나 힘, 운동능력에 주로 영향을 미치게 된다.

YES 성장판은 뼈에만 존재한다?

성장판은 주로 뼈의 길이 성장을 일으키는 것으로 팔과 다리, 척추, 팔 뒷꿈치, 손목, 어깨, 무릎, 발목, 허리와 같은 관절 부위에 존재한다. 각 부위의 성장은 그 부위에 따라 성장 속도와 완료 시기가 다른데, 대개 사춘기 전후로 골화가 진행되면서 점점 사라지게 된다. 이를 성장판이 닫혔다고 표현한다.

YES 아침에 키를 쟀을 때와 저녁에 쟀을 때 키 차이가 있다?

아침에 잠자리에서 일어났을 때에는 각 관절이나 연골에 수분이 차 있다. 아침에 키를 재보면 저녁보다 1~2cm 정도 큰 수치가 나온다. 저녁이 되면 다시 1~2cm 작아진다. 특히 성장기에 있는 경우 아침과 저녁의 편차가 큰 편이다.

NO 우유를 많이 마시면 키가 큰다?

우유는 단백질, 칼슘 등이 풍부해 성장을 촉진시키지만 너무 많이 마실 경우 고지혈증, 칼로리로 인한 체중 증가, 철분결핍성빈혈 등을 유발하여 오히려 성장에 장애가 된다. 성장기 하루 권장 섭취량은 200~400ml가 적당하다.

NO 깁스를 하면 키가 자라지 않는다?

다리가 부러져서 깁스를 하게 되면 아이의 키가 자라지 않을까 걱정하는 부모들이 많다. 뼈에 금이 가거나 부러지더라도 원래 위치대로 고정시켜 주면 뼈에 있는 세포가 작용하여 원래대로 돌아온다. 다만 뼈가 빠지거나 관절염에 걸리게 되면 키가 자라지 않기 때문에 탈구나 관절염 진단을 받았다면 전문의와 상의해 키 성장을 방해받지 않도록 적절한 치료를 받아야 한다.

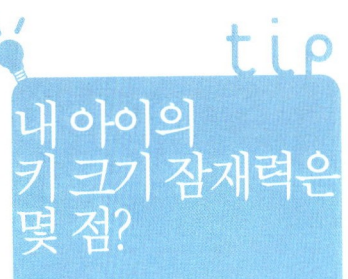

내 아이의 키 크기 잠재력은 몇 점?

매일매일 체크해주세요!

○ 하루 세 끼를 규칙적으로 먹었다.

○ 편식하지 않고, 음식을 골고루 먹었다.

○ 등 푸른 생선, 육류 등의 단백질을 섭취했다.

○ 과식, 폭식, 편식, 야식 등은 피했다.

○ 밤 10시 이전에 잠을 잤다.

○ 배부른 상태로 잠들지 않았다.

○ 잠자리에 들면 15분 안에 잠이 든다.

○ 잠자는 동안 한 번도 깨지 않고, 깊이 잤다.

○ 내가 즐기면서 할 수 있는 운동이 있다.

○ 운동을 주 3회 이상, 30분씩 꾸준히 한다.

○ 무거운 짐을 들거나 팔다리 근육에 무리 주는 운동을 하지 않았다.

tip
체크한 수가 많을수록 성장잠재력을 키우는 좋은 습관이 생긴 것입니다.

1 part

꿈과 희망이 자라는 키 크기 준비운동

키 크기

알록달록
무지개처럼
신비롭고
재미있는
각양각색의
몸 풀기
준비운동!

준비운동

내 아이의 키가 작다고 느껴진다면 가장 먼저 무엇을 해야 할까?

part 1

아이의 키와 꿈을 한 뼘 더 키워주고 싶다면 우선 아이에 대한 정확하고 올바른 진단이 필요하다. 과연 내 아이는 키가 정말 작은 걸까? 작다면 왜 그런 것일까?

아이가 태어나서 24개월까지를 '1차 성장 가속기'라고 한다. 이 시기는 일생 중 성장이 가장 빠른 시기이다. 대부분의 아이는 약 50cm 전후로 태어나서 첫 돌이 되면 약 75cm 정도로 자라게 된다. 그리고 24개월까지 평생 키의 절반 정도가 자란다. 혹시 육아 수첩이 있다면 아이가 다 자랐을 때의 키를 예상해 볼 수 있다.

밤에 잠은 잘 자고 있는지, 음식은 골고루 잘 먹고 있는지, 아이에게 꼭 필요한 적당한 운동은 꾸준히 잘 하고 있는지에 대한 정보는 기본.

아이가 막 세상 밖으로 나왔을 때, 그리고 정기 검진과 예방 주사를 맞을 때 아이의 키와 몸무게를 재어볼 것이다. 아이가 태어난 지 24개월이 지나면 1년에 약 5~7cm 정도씩 자라게 되는데 ==적어도 6개월에 한 번씩은 아이가 잘 자라고 있는지 체크하는 것이 좋다.==

이렇게 아이에 대한 부모의 사랑과 키 성장에 대한 관심 속에서 아이가 잘 자라고 있는지 살펴보면서 아이가 키가 작다는 결론을 내렸다면 그 원인을 찾아보는 것이 중요하다.

밤에 잠은 잘 자고 있는지, 음식은 골고루 잘 먹고 있는지, 아이에게 꼭 필요한 적당한 운동은 꾸준히 잘 하고 있는지에 대한 정보 정도는 기본적으로 알고 있어야 키를 키우기 위한 엄마의 노력을 시작할 수 있다.

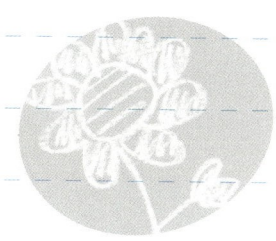

준비운동은
굳어있는 몸을 풀어주어
유연성을 높여주고 힘든
동작을 할 때 몸에 무리가
오는 것을 방지해준다.

아이가 또래에 비해 키가 작다고 해서 무조건 몸에 좋다는 음식을 많이 먹이거나 영양제 등을 먹이는 것은 별로 좋지 않다. 과도한 영양 섭취는 키 성장에 도움이 되기보다 아이를 비만으로 만들 수 있기 때문이다. 아이의 몸에 특별한 이상이 없다면 <mark>아이의 키를 크게 키우기 위한 가장 좋은 도우미는 바로 운동</mark>이다. 본격적인 키 크기 요가를 하기 전, 아이의 몸을 가볍게 풀어줄 수 있는 준비운동을 해주도록 하자.

많은 사람들이 준비운동을 하는 이유를 정확하게 모르기 때문에 준비운동을 하지 않거나 하더라도 대충대충 소홀히 하는 경우가 많다. 하지만 준비운동은 굳어 있는 몸을 풀어주어 유연성을 높여주고 힘든 동작을 할 때 몸에 무리가 오는 것을 방지해준다. 또한 체온을 높여 요가의 효과를 더욱 극대화시켜준다.

아이의 몸과 마음이 가벼워지고 한층 더 운동에 집중할 수 있도록 도와주는 **몸 풀기 준비운동**을 함께 배워보자.

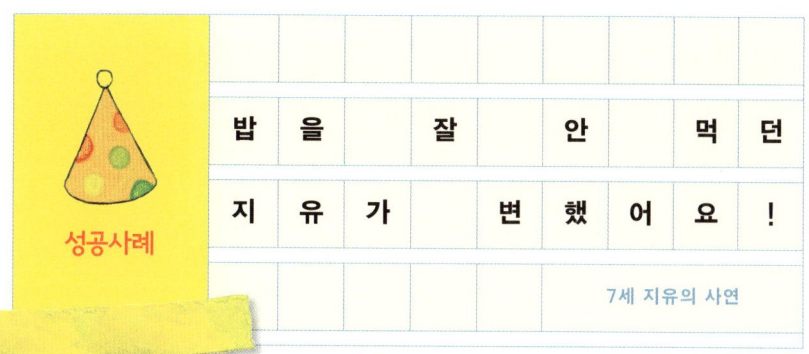

성공사례

밥을 잘 안 먹던 지유가 변했어요!

7세 지유의 사연

우리 지유는 이제 일곱 살 된 여자아이입니다.

늦게 결혼하고 아이가 생기지 않을까 노심초사했는데 지유가 태어나줘서 너무 즐겁고 행복했어요. 정말 눈에 넣어도 아프지 않다는 말을 실감하게 해준 고마운 딸이랍니다. 항상 말도 잘 듣고 착한 우리 지유에게 젊은 엄마, 아빠보다 더 많은 사랑을 주고 싶었어요.

그런데 다른 모든 일에는 엄마를 잘 따라주는 우리 지유가 엄마를 속상하게 하는 것이 딱 하나 있었답니다. 하루 종일 아무것도 먹으려고 하지 않는 거예요. 밥그릇을 들고 졸졸 따라다니면서 한 숟가락만 먹자고 애원해도 절대 먹지 않으려고 하더라고요. 혹시 밥을 싫어하는 건가 해서 빵이나 과자 같은 간식이라도 먹여보려고 노력해봤는데 그것도 싫어하더라고요.

게다가 옆집의 나이 어린 동생보다 키도 작고 몸무게도 적어서 더 걱정이 많이 됐죠. 그래서 억지로라도 먹이려고 노력하게 되었고, 늘 먹는 문제로 씨름하고 싸우다 보니 예쁘고 순하던 지유도 자주 짜증을 부리고 저도 너무 힘들었어요.

그러던 어느 날 제가 하도 속상해하고 고민을 많이 하니까 친구가 신혜숙 원장님의 요가학원을 소개해주었어요. 지푸라기라도 잡는 심정으로 신 원장님께 상담을 받았는데 의외로 아주 간단한 방법을 알려주시더라고요. 운동을 시킨다고 지유의 고집이 나아질 것 같지는 않았지만 그래도 속는 셈치고 한번 해보기나 하자 해서 지유와 함께 운동을 시작했어요.

잘 먹지 않아서 엄마를 너무 속상하게 했던 지유, 규칙적인 운동으로 입맛도 좋아지고 키도 하늘만큼 자랐어요!

처음에는 큰 변화가 없는 것
같았지만 그래도 함께 운동하고
즐겁게 시간을 보내는 것이
좋아서 계속 했어요.
그러다가 한 일주일 정도 지났을
때 지유가 달라지기 시작했어요.

우선 지유와 함께 도화지와 크레파스를 사용해서 운동시간표를 만들었어요. 커다란 동그라미를 그리고 그 안에 짬짬이 엄마와 함께 하는 운동 시간과 지유 혼자 하는 운동 시간 등을 적어 넣었어요. 그리고 함께 놀이하듯이 운동을 했죠. 처음에는 큰 변화가 없는 것 같았지만 그래도 함께 운동하고 즐겁게 시간을 보내는 것이 좋아서 계속 했어요. 그러다가 한 일주일 정도 지났을 때 지유가 달라지기 시작했어요. 운동을 하고 난 후에 챙겨주는 과일도 잘 먹고, 식사 시간이 되면 졸졸 따라다녀도 밥 한 숟가락 먹이기가 힘들었는데 혼자서도 잘 먹게 된 거예요.

요즘은 매일 아침 간단하게 스트레칭도 하고 유치원까지 저와 함께 걸어가면서 재미있는 퀴즈 놀이도 하고 얘기도 많이 하게 되었어요. 그러니 유치원에서 점심도 잘 먹고 집에 와서도 이것저것 잘 먹게 되었답니다. 규칙적인 운동이 이렇게 큰 효과가 있을 줄은 정말 몰랐어요. 지유가 먹는 모습만으로도 정말 제 배가 다 부를 정도로 너무 좋아요. 함께 운동하면서 밥 먹이기 전쟁을 할 때 멀어졌던 모녀 사이도 예전보다 더 많이 가까워졌어요. 밥을 잘 먹으니 키도 더 크는 것 같고, 몸무게도 또래 친구들과 비슷하게 나간답니다.

일곱빛깔 무지개처럼 길쭉길쭉 몸 늘리기

언제 어디서나
간편하게 할 수 있는 스트레칭!
긴장하고 있던
우리 아이의 몸과 마음이
편안하게 늘어나는 시간.
관절과 근육이 쑥쑥 늘어나는
길쭉길쭉 준비운동,
지금부터 시작!!

몸을 펴주는 길쭉길쭉 몸 늘리기!
준비운동을 할 때 가장 중요한 것은 편안한
옷차림과 편안한 자세, 그리고 스트레칭을
통해 굳은 몸을 풀어주겠다는 마음가짐이다.
가볍게 몸을 풀어준다는 생각으로 개운한
느낌이 들 때까지 동작을 반복해준다.

1) 자기 전에 누워서 길쭉길쭉

✻ 효과 : 잠자리 들기 전 온몸의 긴장을 풀어줘요.

* 지금부터 배우는 모든 동작은 2~3회 이상 반복해주세요!

이럴 땐 요롷게!

척추를 최대한
펴주면서 몸을
직선으로
늘여주세요.

❶ 잠자리에 들기 전, 자리에 누워 양팔을 머리 위로 올린다.

❷ 팔과 다리를 쭉 늘여준다.

2) 잠자리에서 막 일어났을 때 길쭉길쭉

✱ 효과 : 밤새 잠자고 있던 근육을 깨워줘요.

❶ 무릎을 꿇고 엉덩이가 바닥에 닿도록 앉는다.

❷ 허리를 곧게 펴고 양팔을 머리 위로 올리면서 쭉 뻗어준다.

❸
팔을 머리 위로 뻗은 자세에서
그대로 오른쪽, 왼쪽 좌우로
기울여준다.

이럴 땐 요렇게!

손가락 깍지를
껴서 손바닥이
하늘을 보도록
하세요.

3) 제자리에 앉아서 길쭉길쭉

✱ 효과 : 등과 허리의 긴장을 풀어줘요.

part 1

꿈과 희망이 자라는 키 크기 준비운동

❶ 다리를 앞으로 쭉 뻗는다.

❷ 상체를 허리부터 숙이면서 두 손을 뻗어 발쪽을 행한다.

이럴 땐 요렇게!

허리와 등을 구부리지 말고 최대한 편 채로 숙이세요.

4) 무지개처럼 길쭉길쭉

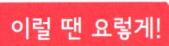 효과 : 팔다리와 허리에 힘이 생겨요.

이럴 땐 요렇게!
팔에 힘이 없는 아이들의 경우는 엄마가 도와주세요.

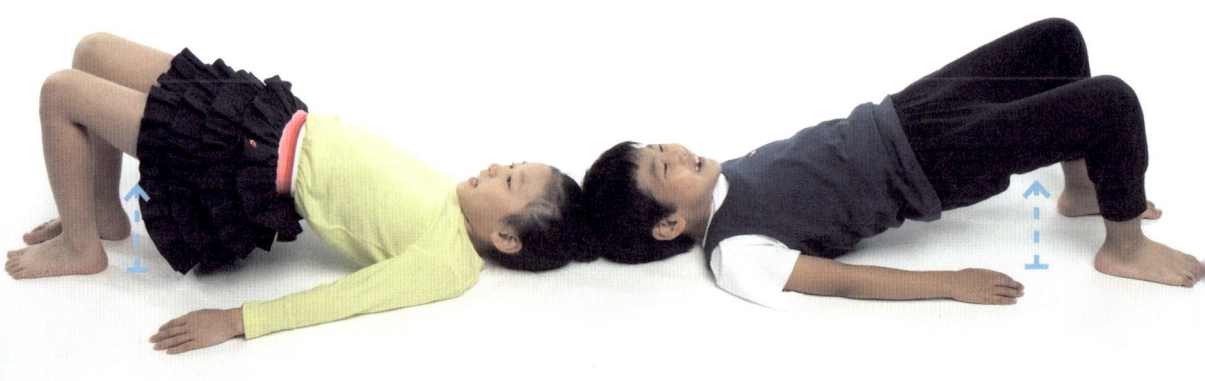

❶ 무릎을 세워 똑바로 누운 후 양손으로 바닥을 짚는다.

❷ 두 팔에 힘을 주면서 허리와 엉덩이를 들어 올린다.

❸ 몸을 동그랗게 무지개 모양으로 만든다.

27

5) 바로 일어서서 길쭉길쭉

※ 효과 : 척추를 길게 늘여줘요.

❶ 자리에서 일어나서 양팔을 머리 위로 쭉 뻗어 올린다.

❷ 두 손을 깍지 껴서 잡고 온몸을 쭉 펴서 늘려준다.

❸ ❷번 상태에서 발 뒤꿈치를 최대한 들어 더욱 쭉쭉 뻗어준다.

이럴 땐 요렇게!

발목과 무릎이 일직선상에 있도록 하세요. 엉덩이를 꽉 조여주세요.

발꿈치를 들어줘요!

29

6] 허리를 숙이면서 길쭉길쭉

 효과 : 머리가 시원해져요.

❶ 허리와 무릎을 일직선으로 곧게 펴고 똑바로 선다.

❷ 상체에 힘을 빼고 숙이면서 두 손으로 바닥을 짚을 수 있도록 한다.

이럴 땐 요렇게!

끝까지 내려갔을 때 상체의 힘을 모두 빼고 잠시 동안 이 자세를 유지하세요. 눈을 감으면 어지러우니 눈을 꼭~뜨세요.

7) 코브라처럼 길쭉길쭉

효과 : 가슴이 활짝 펴져요.

이럴 땐 요렇게!
상체를 들어 올릴 때 어깨를 뒤로 젖혀 가슴이 활짝 펴지도록 하세요.

❶ 바닥에 배를 대고 엎드린 후 가슴 옆에 양 손을 놓는다.

❷ 천천히 팔꿈치를 펴며 상체를 들어 올린다.

❸ 등을 말아 올리면서 시선은 하늘을 바라본다.

8] 함께 웃어요, 스마일 자세

✳ 효과 : 유연성이 길러지고 얼굴이 예뻐지는 자세.

❶ 무릎을 꿇은 자세로 바닥에 앉는다.

❷
상체에 힘을 빼면서
숙여준다.

❸
이마와 손등이
바닥에 닿게 하고
편안하게 어깨를
내려준다.

이럴 땐 요렇게!

등과 목, 어깨의
힘을 모두 빼도록
해주세요.

뭉게뭉게 구름처럼
가볍게 몸 풀기

본격적인 키 크기 요가를 하기 전에
꼭 해야 하는 워밍업!
구석구석 뭉쳐 있는
내 아이의 근육을
깃털처럼 가볍게 풀어주는 시간!
몸과 마음까지 가볍게 만들어주는
몸 튼튼, 마음 튼튼 준비운동,
지금부터 시작!!

뭉게뭉게 구름처럼 몸 풀기 준비운동은
아이가 평소 잘 사용하지 않던 부위의 근육을 풀어준다.
몸의 각 부분을 돌리거나 흔들어주고, 또 두드리면서
몸을 풀어주는 동작들로 구성되어 있다.
몸이 천천히 풀리는 것을 느끼면서
한 동작씩 차분하게 하는 것이 중요하다.

목으로 동그라미 그리기

✳ 효과 : 목관절이 유연해지고 부드러워져요.

이럴 땐 요렇게!
1부터 10까지 숫자를 세면서 천천히 돌려주세요.

❶ 다리를 뻗고 앉아서 두 손을 무릎 위에 얹어놓는다.

❷ 목을 돌리면서 동그라미를 그린다.

2) 어깨로 동그라미 그리기

✽ 효과 : 어깨 관절이 유연해지고 부드러워져요.

이럴 땐 요렇게!

어깨돌리기를 한 뒤에는 어깨에 있는 힘을 모두 빼주세요.

빙글빙글 돌려줘요!

❶ 다리를 뻗고 앉아서 양손을 허벅지 위에 올린다.

❷ 어깨를 들어 뒤로 밀어주면서 동그라미를 그린다.

3] 손목 발목 짤랑짤랑

✳ 효과 : 손목과 발목의 긴장이 사라져요.

이럴 땐 요렇게!
손목 발목의 힘을 빼고 털어 주세요.

❶ 자리에 앉아 손가락을 쫙 펴준다.

❷ 발과 손을 가볍게 털어준다.

4) 둥둥둥 배 두드리기

✳ 효과 : 뱃속이 편안해져요.

이럴 땐 요렇게!

너무 세게 두드리지 말고 아프지 않을 정도로만 두드려주세요.

❶ 자리에 앉아 허리를 곧게 편다.

❷ 양손으로 번갈아가면서 배를 두드려준다.

# 5) 팔 다리 두드리기

 효과 : 다리와 팔의 긴장이 사라져요.

이럴 땐 요렇게!
무릎의 동그란 뼈는 피해서 두드리세요.

part 1 곧고 튼튼히 자라는 키 크기 준비운동

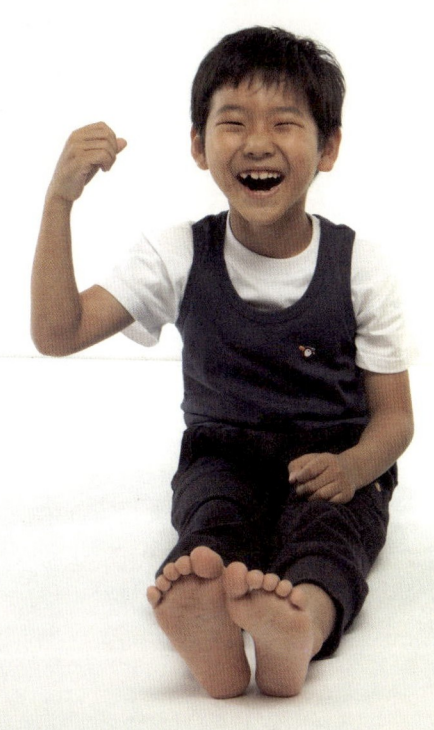 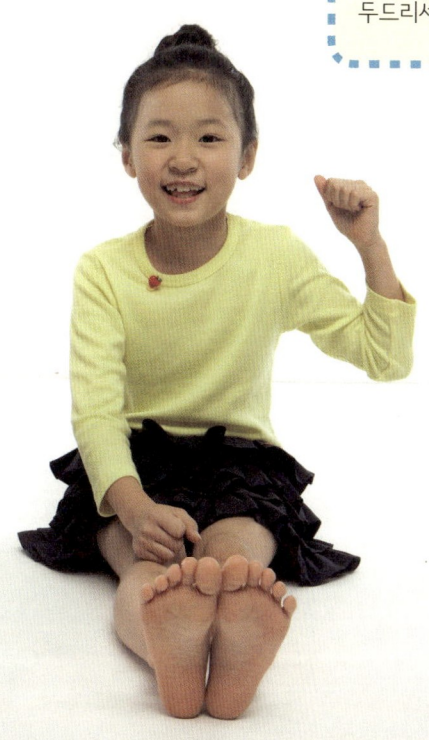

❶ 자리에 앉아서 다리를 쭉 편다.

❷ 주먹을 쥐고 양손으로 팔과 다리를 두드려준다.

* 엄마와 아이가 같이 읽어요!

<슬기의 행복한 편지>

동생과 함께하는 행복한 요가 시간

안녕?

나는 살림초등학교 2학년 다슬기라고 해. 오늘 행복한 이야기를 들려주려고 이렇게 연필을 들었단다.

나는 또래에 비해 살짝 마른 몸에 작은 키를 가지고 있는 아이야.

나에게는 개구쟁이 동생이 있는데, 그 동생은 나보다 두 살이나 어린데 키는 나보다 한 뼘이나 더 크지.

우리는 장난꾸러기처럼 매일 레슬링을 하면서 놀고 그랬는데, 어느 날 엄마가 아침에 일어났을 때, 그리고 밤에 잠들기 전에 우리 방에 오셔서 요가라는 걸 가르쳐주셨어.

물론, 아주 쉽고 단순한 거였지. 처음에는 어색해서 장난만 치고 그랬는데, 동생이랑 엄마랑 나랑 셋이 둘러 앉아서 둥둥둥 배 두드리기, 팔다리 두드리기, 어깨 돌리기 등을 매일 하다 보니 이제는 그걸 하지 않으면 오히려 허전할 지경이야.

하루 종일 학교, 학원에…… 앉아 있느라 지쳐 있던 몸을 가족과 함께 두드리고 만져주니 훨씬 편안해지는 느낌이 드는 거 있지. 우리 엄마 말씀이 매일 매일 이렇게 하다 보면 어느새 키도 쑥쑥 자라고 기분도 좋아질 거래!

엄마가 안 계실 때는 동생이랑 마주 보고 앉아서 한단다. 서로 눈을 마주 보고 하면 얼마나 웃기고 재밌는지 몰라. 너희에게 꼭 추천해주고 싶어.

너희도 나처럼 매일 30분씩 요가를 해서, 꼭 예쁘고 건강한 어린이로 자라났으면 좋겠어. 화이팅!

<용기를 주는 이야기>

꿈이 있는 사람은 특별해진다

"남들이 보기엔 보잘것없는 사람도 꿈을 가지면
달라집니다. 꿈은 잠자던 나의 마음을 깨워서
움직이게 하고 이제까지와는 다른 나만의 진가를
발휘하도록 동기를 부여해줍니다.
나를 빛나게 하는 그 꿈이야말로
살아가는 이유가 될 것입니다."

나만의 꿈을 가져라, 그것이 나를 비범하게 한다.

『해리포터』로 우리에게 잘 알려진 조앤 롤링이라는 작가는 자신의 꿈을 향해 나아가면서 비로소 자신만의 재능과 진가를 발휘합니다. 그것은 해리포터 속의 마법보다도 놀랍고 신기하게 느껴질 정도예요.

두 번 연속 회사에서 해고를 당한 롤링은 남들에게 아무것도 제대로 할 수 없을 것 같은 사람으로 보였습니다. 그 뒤 포르투갈에서 잠깐 영어 교사로 일하다가 방송국 기자를 만나 결혼까지 했지만 직장에서 그랬듯 결혼 생활 역시 실패하고 맙니다. 그녀는 직장이든 가정이든 현실적인 일에서는 부품 하나가 모자란 사람처럼 서투르기만 했지요.

결국 롤링은 변변한 직장도 없이 생후 4개월 된 딸을 데리고 이혼을 했습니다. 에든버러의 초라한 단칸방에서 그녀는 이혼녀로 살아가기 시작했습니다. 아무것도 가진 것이 없었죠. 당장 먹고 살아갈 일조차 막막한 형편이었습니다.

그녀는 그 막다른 골목에서 글을 쓰기 시작했습니다. 자신의 꿈을 펼치기 시작한 것입니다. 글을 쓰고자 하는 소망은 어린 시절부터 이미 싹트고 있었습니다. 그러나 그 꿈과 마주 보기까지 그녀는 많은 세월을 돌아와야 했습니다. 많은 것을 흘려보내고 잃어버린 인생의 절망 한가운데에 서서야 진정으로 자신의 꿈을 만난 것이지요. 해리포터의 이야기는 그녀가 직장에서 해고당하고 이혼을 하기 전부터 이미 구상되고 있었습니다. 어느 날 퇴근길에 타고 가던 기차가 잠시 멈춘 사이, 롤링은 우연처럼 멋진 이야기를 상상합니다.

"그저 기차 안에 앉아 초원에서 풀을 뜯는 소 몇 마리를 멍청히 바라보고 있었어요. 그런데 제 마음속에 해리에 관한 아이디어가 번뜩 떠올랐죠. 왜 그런 생각이 났는지는 알 수 없지만 내 마음 속에 해리와 그가 다니는 마법 학교가 선명하게 보인 것만은 확실해요. 자신이 마법사라는 사실을 모르는 소년에 대한 발상은 그렇게 갑자기 떠올랐답니다."

그녀가 펜을 들고 글을 써 내려가는 순간, 일상생활을 방해하는 비현실적이고 상상으로 가득 찬 생각은 순식간에 모습을 바꿔 작가로서 꿈을 펼치는 도구가 되어 주었습니다. 아무것도 제대로 할 수 없을 것 같던 어수룩한 사람이 어느덧 전 세계를 열광케 한 이야기를 만들어낸 특별한 사람으로 탈바꿈한 것입니다.

펜을 들지 않았다면 그녀는 영원히 평범하기 그지없는, 아니 오히려 모자라고 가난한 여자로 남아 있었을 것입니다.

"저는 정말 특별히 운이 좋은 사람입니다. 제가 세상에서 가장 사랑하는 일을 하니까요. 저는 언제나 작가로 남아 있을 것입니다."
조앤 롤링은 자신의 성공에 대해 이렇게 말합니다. 그녀는 이제 누가 봐도 큰 성공을 거둔 사람입니다. 과거의 실수투성이 조앤 롤링은 어디에도 남아 있지 않습니다. 물론 그녀는 여전히 일상생활 속에서 많은 실수를 하면서 살아가고 있을지 모릅니다. 하지만 과거와 달리 그것은 이제 조앤 롤링이라는 사람 자체를 결정짓는 단점이 되지 못합니다.

『청소년을 위한 시크릿』중에서…

꿈을 갖는다는 것은 누구나 할 수 있는 쉬운 일 같지만, "나의 꿈은 이러이러한 일이다."라고 분명하게 확신할 수 있는 사람은 생각보다 많지 않습니다.
자신의 꿈에 대해 분명히 말할 수 있다는 것은 그만큼 자신에 대해 깊이 생각하고 미래를 고민해 보았다는 증거입니다. 꿈이란 단순한 취미가 아닙니다. 꿈을 평생토록 자신이 할 일을 가슴에 심는 것인 만큼, 깊이 생각해보지 않고 찾을 수 있는 것이 아니거든요.
만약 자신의 꿈에 대해 말할 수 있다면 당신은 그것만으로도 이미 특별한 사람입니다. 막연하게 가슴속에 묻어 둔 꿈이 아니라 가슴속에 선명하게 모습을 드러낸 꿈을 가지세요. 그 꿈은 흙 속에 묻힌 진주가 마침내 모습을 드러내듯 나를 세상 가운데에서 빛나게 해줄 것입니다.

2 part

하늘만큼
키가 커졌어요.
키 쑥쑥 요가

하늘만큼

내 아이에게 꼭 맞는
즐겁고 재미있는 놀이!

순수하고 예쁜 어린이의 마음을
그대로 간직한 채
무럭무럭 자랄 수 있는
부담 없고 마음 편한 맞춤 요가,
키 쑥쑥 요가!!

키 쑥쑥

즐겁게 하는 운동이
키를 크게 한다

키 크는 데 좋은 운동이라 해서 특별한 것이 아니다. 엘리베이터 대신 계단을 오르내리면서 무릎과 관절, 근육의 힘을 길러줄 수 있고 아침과 저녁에 머리를 빗어주면서 고개와 팔의 안 쓰는 근육을 활성화시켜 호르몬의 분비를 촉진해줄 수 있다. 또한 농구나 배드민턴, 맨손체조, 철봉 등도 키 크는 데 도움이 된다. 하지만 부모의 욕심으로 키 크는 데 좋다는 운동을 무리하게 많이 시키게 되면 아이는 운동에 흥미를 잃게 된다. 또한 키가 크고 싶다는 목표나, 키가 꼭 클 수 있다는 긍정적인 믿음보다 '운동은 너무나 힘들고 아픈 것'이라는 인식을 가지게 될 수도 있다.

아이가 지치고 힘들면 운동 시간이 부담스러워지고 힘든 시간이라는 생각에 도망을 가거나 심하게 거부감을 나타낼 수도 있기 때문에 무리한 운동은 오히려 역효과를 불러일으키게 된다. 따라서 아이에게 키 크는 운동을 시키기로 마음먹었다면 아이의 성격과 좋아하는 스타일, 아이의 체력 등을 전체적으로 점검해본 후에 아이에게 알맞은 운동을 선택하여 운동 계획표를 짜 그에 맞춰서 운동을 하는 것이 좋다.

아이가 놀이처럼 즐겁게 즐기면서 자발적으로 요가를 하는 가운데 자신도 모르게 키가 쑥쑥 자란다는 사실!

아이들은 어른들에 비해 뼈와 근육이 완전히 성숙하지 않았기 때문에 부드럽게 시작할 수 있는 운동을 선택하는 것이 좋다. 요가는 어른뿐만 아니라 어린이의 몸과 마음까지 맑고 깨끗하게 만들어주는 운동이다. 아이의 몸 상태에 따라 동작의 난이도를 조절할 수 있어 무리하지 않고 자신에 맞는 운동을 할 수 있다는 점에서 아이에게 적합한 운동이라고 할 수 있다.

키 크는 요가는 아이의 성장 발달을 도와주는 것은 물론, 바른 자세를 갖게 하여 몸이 예쁘게 자라도록 도와주고, 혈액순환을 좋게 하여 두뇌 발달에도 좋은 영향을 미친다. 하지만 아무리 좋은 점이 많은 요가라도 즐겁게 하지 않으면 아무런 효과가 없다. 아이가 놀이처럼 즐기면서 자발적으로 요가를 하는 가운데 자신도 모르게 키가 쑥쑥 자라나는 것, 그것이 바로 키 쑥쑥 요가의 최고 장점이다.

아이의 성격과 좋아하는
스타일, 아이의 체력 등을
전체적으로 점검해본 후에
아이에게 알맞은 운동을
선택한다.

운동을 즐겨 하지 않던 아이가 처음 운동을 시작할 때는 몸을 가볍게 움직일 수 있는 동작을 위주로 하는 것이 좋다. 여러 가지 동작을 함께 해본 후에 아이가 좋아하는 동작을 하나 정도 선택해보자. 처음에는 그 동작을 중심으로 일주일에 2~3회 정도로 시작해서 점차 운동하는 횟수를 늘려나가면서 아이가 거부감 없이 재미있게 운동에 익숙해질 수 있도록 한다.

여러 가지 요가 동작 중에서도 엄선된 내 아이 성장판을 열어주는 맞춤 요가, 키가 하늘만큼 커질 수 있도록 도와주는 키 쑥쑥 요가를 함께 해보자!

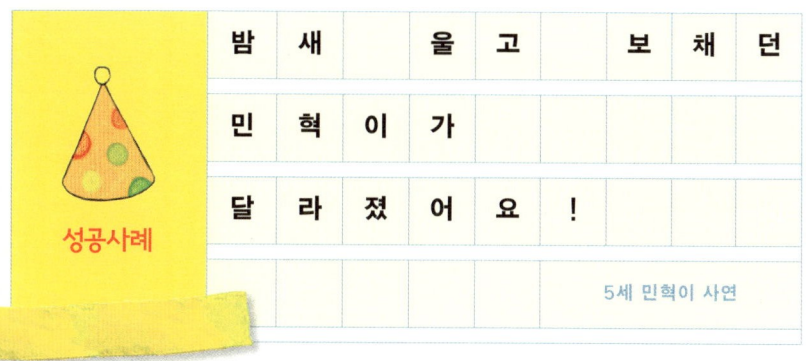

밤새 울고 보채던 민혁이가 달라졌어요!

5세 민혁이 사연

다섯 살 난 아들을 두고 있는 민혁이 엄마입니다.

우리 민혁이는 낮에는 잘 먹고, 잘 놀고, 애교도 많고 웃음도 많은 너무 귀엽고 착한 아들이었답니다. 그런데 밤만 되면 아이가 180도 변하기 시작해요. 바로 잠투정 때문이죠. 밤만 되면 어찌나 심하게 울고 보채면서 땡깡을 부리고 저를 힘들게 하는지 낮의 민혁이와는 전혀 다른 아이가 우리 부부 앞에 있는 듯한 착각이 들 정도였습니다. 아이가 밤새 울면서 잠을 자지 못하니 온 식구가 덩달아서 밤을 새우게 되었죠. 아침에 회사에 출근해야 하는 아빠도 힘들고, 낮에 집안일에 매달려야 하는 저도 너무 힘들었어요.

아무리 달래고, 혼내도 소용이 없었어요. 불을 끄고 모두가 자는 척을 해도 민혁이는 계속 울기만 했습니다. 혹시 어디가 아픈 걸까 하는 걱정에 새벽에 응급실에 가보기도 했고요. 정말 힘든 시간을 보내고 있을 때 우연히 너무나 쉽고 간단한 해결책을 알게 되었습니다. 그 해결책은 바로 마사지였어요.

마사지로 아이의 잠투정을 어떻게 고칠 수 있을까 반신반의하던 저는 속는 셈 치고 한번 해보자는 마음으로 원장님의 조언대로 따라해 보았습니다. 우선 잠자리에 들기 전에 민혁이가 좋아하는 동화책을 함께 골라서 구연동화를 들려주듯이 성의껏 읽어주었어요. 아이가 재미있어 하면서 집중을 하니까 차분해지고 유순해지더라고요. 그리고 동화책을 함께 읽으면서 천천히 스킨십을 시작했습니다.

잠투정이 심한 우리 민혁이 사랑의 마사지로 잠투정도 없어지고 키도 쑥쑥 자랐어요.

그 해결책은 바로
마사지였어요.
잠자리에 들기 전이라
누워서 하거나
앉아서 하는 운동이
더 효과적이더라고요.

스킨십을 통해 아이의 마음에 안정을 주고 온몸을 주물주물 주물러주면서 가벼운 운동과 마사지를 시켜주었어요. 잠자리에 들기 전이라 누워서 하거나 앉아서 하는 운동이 더 효과적이더라고요. 운동이 끝난 후에 제기 팔과 다리를 주무르고 마사지를 하고 있으면 어느새 우리 민혁이가 잠이 들어 있답니다. 그렇게 심하게 울고 보채면서 잠들지 못하던 아이가 너무나 순한 양처럼 쉽게 잠이 드니까 정말 신기하더라고요.

지금 민혁이는 잠투정이라는 단어는 아예 잊어버렸을 정도로 밤에 아주 새근새근 잘 잔답니다. 처음부터 민혁이에게 가벼운 운동을 시켜주고 마사지를 해주었다면 우리 가족에게 힘든 시간은 없었을 텐데 하는 후회가 들더라고요. 엄마가 너무 초보이고 아는 것이 없어서 애꿎은 민혁이만 고생을 시킨 것 같아요. 하지만 마사지를 알게 된 후 우리 민혁이가 천사같은 모습으로 깊은 잠에 빠질 수 있도록 도와줄 수 있어서 너무 행복합니다.

앞으로도 사랑하는 우리 아들 민혁이가 건강하고 씩씩하게 잘 자랄 수 있도록 많이 만져주고 사랑을 표현하는 엄마가 되기 위해 더 많이 노력할 거예요.

part 2

하늘만큼 키가 커졌어요, 키 쑥쑥 요가

앉아서 할 수 있는
즐거운 요가 놀이

몸과 마음을 바르게 해주고
힘을 길러주는 요가.

전체 어린이 가운데 약 30% 정도의 성장기 아이들이 뚜렷한 이유 없이 잠자리에서 종아리나 허벅지의 근육이 당긴다거나 무릎관절, 고관절 등 다리의 관절이 아프기도 한다. 일명 성장통이다.
혹시 내 아이가 성장통에 시달린다면 통풍이 잘 되며 가볍고 편안한 옷을 입은 다음 간편하게 앉아서 할 수 있는 요가를 해보자. 아이의 키가 쑥쑥 자라기 위해서는 성장판을 자극하는 것도 중요하지만 성장판을 회복시켜주는 것도 중요하다. 성장통에 시달리는 아이에게는 몸을 쭉쭉 펴는 동작으로 유연성을 길러주는 것이 많은 도움이 된다. 요가를 할 때에는 몸의 각 부분을 최대한 늘려준다는 생각으로 점차 동작의 크기와 범위를 늘려가는 것이 좋다. 단, 무거운 것을 들거나 높은 곳에서 뛰어내리는 등 다리 관절에 무리한 압력과 충격을 주는 운동은 피하도록 한다.

how tall?

살랑 살랑 작은 나비 자세

✱ 효과 : 고관절이 부드러워져요.

* 모든 동작은 2~3회 이상 반복해주세요!

이럴 땐 요렇게!
발목을 잡고 두 무릎을 위로 아래로 많이 움직여주세요.

❶ 허리를 곧게 펴고 앉아서 발바닥을 마주 붙이고 두 손으로 발목을 감싸준다.

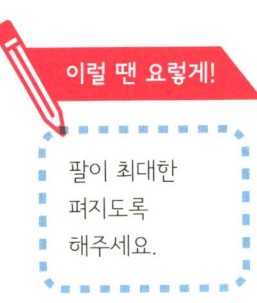

이럴 땐 요렇게!

팔이 최대한
펴지도록
해주세요.

❷
그대로 허리를 숙이면서
양쪽 팔을 바닥에 붙인다.
눈은 자연스럽게 바닥을
바라본다.

2) 팔랑 팔랑 큰 나비 자세

✱ 효과 : 고관절과 무릎관절이 유연해져요.

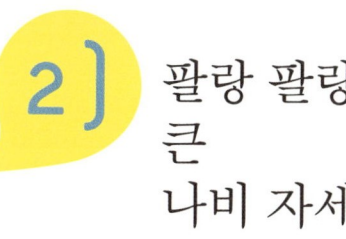

❶
엉덩이를 바닥에 붙이고
양쪽 다리를 최대한 펼쳐 앉는다.

이럴 땐 요렇게!

가슴이 바닥에
닿지 않을 때에는
엎드릴 수 있는
만큼만 숙이세요.

❷
등을 펴고 상체를
바닥으로 숙인다.

❸
손을 바닥으로 쭉 뻗으며
가슴이 바닥에 닿도록
천천히 내려간다.

31 몸으로 그리는 커다란 V 자세

✱ 효과 : 배에 힘이 생겨요.

❶ 무릎을 구부리고 팔을 뒤로 뻗어 바닥에 지탱하고 앉는다.

이럴 땐 요렇게!

배에 힘이 없는 어린이들은 들어올리기 힘들어요. 엄마가 도와주세요.

❷ 두 발을 모아 배에 힘을 주고 위로 들어 올린다.

❸ 엉덩이로 중심을 잡은 채 최대한 다리를 뻗는다.

59

4) 음매 음매 송아지 자세

❋ 효과 : 엉덩이가 예뻐져요.

❶ 오른쪽 다리 위에 왼쪽 다리를 반대로 구부려서 포개 놓는다.

❷ 등을 바로 세우고 두 손은 양 발목을 잡고 앞을 본다.

이럴 땐 요렇게!

오른쪽 무릎과 왼쪽 무릎이 꼭 포개어지도록 하세요.

❸
❷번의 상태에서 천천히 상체를 숙여 가슴이 무릎에 닿도록 한다.

5) 몸을 접었다 폈다 하는 샌드위치 자세

✱ 효과 : 온몸에 생기가 돌아요.

❶
등과 무릎을 쭉 펴고 앉는다.

이럴 땐 요렇게!

완전히 숙였을 때 상체의 힘을 모두 빼세요.

❷
허리를 펴고 그대로
숙여서 몸을 반으로 접고
양손은 앞으로 쭉 뻗는다.

6) 엉금엉금 거북이 자세

효과 : 골반과 다리 관절이 부드러워져요.

❶
다리를 벌려 무릎을 세우고
팔은 다리 사이에 두고 앉는다.

❷
상체를 숙이면서
두 팔을 무릎 밑으로 넣고
엉덩이를 감싸며
이마가 바닥에 닿도록 한다.

이럴 땐 요렇게!

엉덩이 뒤로
손을 보내고
완성된 자세에서
자연스럽게 숨을
쉬어주세요.

❸
천천히 몸을 앞으로 숙이며
최대한 엎드려준다.

엎드려서 할 수 있는 즐거운 요가 놀이

두뇌발달에
아주 좋은 효과를 주는 요가.
몸 뒤쪽 근육을 탄력 있게
발달시켜주는 요가

아이의 키를 크게 키우고 싶다면 무리한 힘을 쓰는 운동, 근육을 키우는 운동은 좋지 않다. 힘을 쓰는 운동은 다리 관절과 척추에 엄청난 부담을 주게 되어 성장점을 손상시키기 때문이다. 또한 아무리 좋은 운동이라도 아이에게 너무 긴 시간 동안 시키는 것은 좋지 않다. 아이가 소아비만이 아니라면 너무 오랜 시간 운동을 지속하는 것은 오히려 근육과 관절에 무리를 주어 성장을 저해하고 건강을 해치게 된다. 무엇보다 가장 중요한 것은 아이의 체형, 성격, 호응도에 따라 적당한 운동을 시켜야 한다는 점이다. 하기 싫은 운동을 억지로 하다 보면 스트레스 때문에 오히려 역효과를 낼 수 있다. '엎드려서 하는 요가'는 친숙한 동물을 흉내 내는 요가로서 아이들이 재미있어 하고 두뇌발달에도 도움이 된다.

1) 둥글 둥글 물개 자세

✻ 효과 : 가슴과 허벅지가 펴지면서 등에 힘이 생겨요.

* 모든 동작은 천천히 하되, 2~3회씩은 반복해주세요!

❶ 배를 바닥에 대고 엎드린다.

❷ 팔을 뒤로 하여 손으로 발목을 잡아준다.

이럴 땐 요렇게!

다리를 잡고 상체를 들어 올릴 때 팔꿈치를 쫙 펴주세요.

❸ 두 손으로 다리를 끌어올리듯 잡아당기면서 상체도 함께 들어준다.

❹ 배로만 버티면서 고개를 들어 눈으로는 하늘을 본다.

 귀가 쫑긋한
귀염둥이
토끼 자세

 효과 : 소화가 잘 되고 머리가 맑아져요.

❶ 무릎을 꿇고 앉아서 머리를 숙이고 두 손으로 발꿈치를 잡는다.

❷ 머리 윗부분이 바닥에 닿도록 한다.

이럴 땐 요렇게!

완성된 자세에서 정수리가 바닥에 닿도록 해주세요.

발은 꼭 잡고 있어요!

❸
최대한 엉덩이를 들고
등을 동그랗게 만든다.

31 엉덩이가 토실토실 귀여운 강아지 자세

✽ 효과 : 각선미를 좋게 해줘요.

❶ 무릎과 두 손을
엉덩이 너비로 벌려
바닥에 대고
바닥을 바라본 채로
엎드린다.

이럴 땐 요렇게!

무릎이 구부러지지 않도록 하고 발바닥 전체를 바닥에 붙여 주세요.

❷ 무릎을 쫙 펴고 엉덩이를 하늘로 힘껏 들어올린다.

❸ 발이 땅에서 떨어지지 않게 하고, 시선은 발 쪽을 본다.

4) 유연하고 부드러운 고양이 자세

✳ 효과 : 허리가 유연해지고 몸매가 예뻐져요.

❶ 무릎과 두 손으로 바닥을 짚고 엎드린 자세를 취한다.

❷ 머리와 엉덩이를 바닥쪽으로 끌어 내리면서 등은 산처럼 볼록 솟아오르게 한다.

> **이럴 땐 요렇게!**
>
> 척추의 움직임을 느낄 수 있도록 천천히 움직여 주세요.

❸ 바닥 쪽으로 배를 내밀어주면서 엉덩이와 머리는 위쪽으로 당겨준다.

5) 꼿꼿하게 고개를 세우는 코브라 자세

✱ 효과 : 몸 전체의 근육과 골격을 튼튼하게 해줘요.

❶ 엎드려서 두 손을 겨드랑이 옆에 놓는다.

❷ 손을 짚고 천천히 고개를 젖히며 윗몸을 들어올린다.

이럴 땐 요렇게!

다리를 똑바로 붙이고 가슴과 어깨를 활짝 펴주세요.

❸
아랫배는 바닥에 붙이고
눈은 하늘을 바라보면서
고개를 들어준다.

6) 등이 오똑하게 솟은 사막의 낙타 자세

✱ 효과 : 목과 어깨, 허리와 무릎, 허벅지를 탄력 있게 만들어주어요.

❶ 무릎을 꿇은 자세에서 팔을 가지런히 내리고 시선은 정면을 향한다.

이럴 땐 요렇게!

머리를 뒤로 넘겼을 때 눈을 감지 마세요. 눈 감으면 어지러워요

❷ 가슴을 쭈욱 펴고 천천히 고개를 뒤로 젖히며 손으로 발을 꼭 잡고 몸을 지탱한다.

❸ 가슴을 하늘로 끌어 올리며 머리를 바닥으로 완전히 떨구어준다.

누워서 할 수 있는 즐거운 요가 놀이

몸 전체에 탄력을 주고
좌우의 균형을 맞춰주는
누워서 하는 요가.
생생한 활력을 주면서
몸과 마음이 안정되게 도와주는
누워서 하는 요가.

요즘 아이들은 예전과 달리 밖에서 뛰어 놀기보다는 컴퓨터나 휴대용 게임기를 가지고 노는 시간이 많다. 활동적인 놀이보다는 몸을 구부리고 무언가에 집중해서 오랜 시간을 보내게 되는데, 구부정하게 구부리고 앉거나 엎드려서 놀이를 하다 보면 몸의 균형이 깨지기 일쑤다. 이런 자세는 아이의 키 성장을 방해하게 된다. 자세가 나쁘면 뼈를 뒤틀리게 만들어서 서 있을 때 한쪽 발에만 무게 중심을 두게 된다. 그런 삐딱한 자세는 골반을 비뚤어지게 만들고, 척추에도 무리를 준다. 내 아이의 자세가 구부정하고 바르지 못하다면 누워서 할 수 있는 요가를 집중적으로 해보자. 몸의 균형을 맞춰주고 탄력을 주어 자세를 바로잡아주고 키가 크도록 도와줄 것이다.

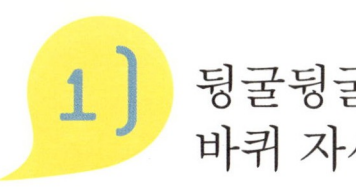

1) 뒹굴뒹굴 바퀴 자세

✽ 효과 : 몸 전체의 혈액순환이 잘 되도록 도와주고 위와 장을 자극하여 소화가 잘 되게 해줘요.

* 같은 동작을 2~3회 이상 반복하고, 완성 동작에선 30초 이상 있도록 해요!

❶ 똑바로 누워서 양손으로 무릎을 잡는다.

> **이럴 땐 요렇게!**
>
> 등 전체가 바닥에 닿을 수 있도록 앞뒤로 세차게 굴려 주세요.

왔다갔다 굴려주세요

❷ 이마가 두 무릎에 닿을 수 있도록 끌어당겨 몸을 동그랗게 만든다.

❸ ❷번 자세에서 몸을 위아래로 움직이며 바퀴가 구르듯 몸을 최대한 굴려본다.

2) 네모 반듯한 책상 자세

✳ 효과 : 손목과 발목의 힘을 길러줘요.

손바닥을 꼭 붙이고 있어요.

 무릎을 세우고 엉덩이를 바닥에 대고 앉는다.

 손가락이 발 쪽을 향하도록 해 바닥을 짚고 엉덩이를 들어 올린다.

이럴 땐 요렇게!

엉덩이가
바닥 쪽으로
점점 내려가지 않도록
허리에 힘을 주세요.

수평이 되어야 해요!

❸
몸과 바닥이 수평이
되도록 하고 시선은
하늘을 본다.

3) 입이 쫙 벌어지는 악어 자세

✸ 효과 : 척추와 골반의 균형을 맞춰주고 몸의 선을 예쁘게 만들어줘요.

다리를 쭉 필수록 좋아요

❶ 등을 바닥에 대고 바르게 누워 양 팔을 십자가처럼 옆으로 뻗어준다.

❷ 숨을 들이쉬면서 한쪽 무릎을 펴서 천천히 들어준다.

이럴 땐 요렇게!

다리가 넘어간 쪽의 반대 방향으로 고개를 돌려 귀가 바닥에 닿게 해주세요.

시선은 다리와 반대로!

❷ 숨을 내쉬면서 다리를 몸의 반대쪽으로 넘겨 바닥에 닿도록 한다.

❸ 고개는 다리를 뻗은 반대 방향으로 돌려 귀가 바닥에 닿도록 한다.

4) 누워서 만드는 L자 자세

✱ **효과** : 다리의 피로가 풀리고 집중력이 높아져요.

❶
등을 바닥에 대고 누워서 발바닥을 벽에 댄다.

이럴 땐 요렇게!

완성된 자세에서 엉덩이와 발끝이 일직선 상에 놓이도록 하세요.

❷
두 다리가 곧게 펴지도록 하기 위해 벽을 이용한다.

❸
다리를 곧게 펴고 몸과 바닥이 L자가 되도록 한다.

서서 할 수 있는 즐거운 요가 놀이

근육이 뭉치지 않게 펴주고
다리에 힘을 길러주는
서서 하는 요가.
집중력과 자신감을 길러주는 요가.

성장호르몬은 여러 가지가 있지만 주로 뇌의 한 부분인 뇌하수체라는 곳에서 나온다. 뇌하수체에서 분비된 성장호르몬은 특히 뼈와 뼈 사이에 있는 성장판 안 연골세포의 움직임을 활발하게 하고 세포의 단백질 합성 작용을 도와 팔다리를 길게 만들어주고 키를 크게 해준다.
서서 하는 요가 동작은 몸의 기둥 역할을 하는 아이의 등뼈를 탄력 있고 튼튼하게 만들어주는데, 등뼈는 뇌신경과 중추신경계의 통로로 뇌와 연결된다.
서서 할 수 있는 즐거운 요가 놀이를 통해 등뼈는 물론 등뼈와 연결된 뇌까지 자극을 주고 바르지 못한 자세를 바로잡아, 아이의 숨은 키를 한껏 키워보자.

 기도하는
착한 어린이
자세

✱ 효과 : 똑바른 자세를 만들어주고 몸을 곧게 해 키를 자라게 해줘요.

❶ 허리와 목을 바르게 펴고 선 자세에서 정면을 바라본다.

* 한 동작은 2~3회씩 반복하되 어려운 동작은 5분씩 쉬었다 해요!

❷ 기도하는 자세로 두 손을 마주하고 가슴 앞에 모아준다.

이럴 땐 요렇게!

가슴을 쫙 펴서 엄지발가락에 힘을 주고 엉덩이를 조여주세요.

거꾸로 만드는 일자 물구나무 자세

 효과 : 기억력과 집중력이 좋아지고 근육이 예쁘게 자리 잡도록 해줘요.

❶ 벽을 마주보고 무릎을 바닥에 붙인 후 엎드린 자세를 취한다.

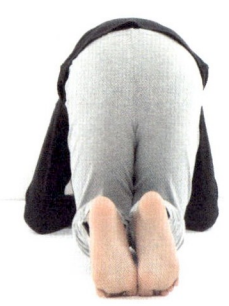

❷ 머리를 숙여 이마와 정수리 사이를 바닥에 대고 두 발을 차듯이 들어올린다.

❸ 두발이 벽 위로 타고 올라가면서 발끝까지 쭉 펴준다.

* 1분 동안 그대로 있어요!

이럴 땐 요렇게!

완성된 자세에서 눈을 감지 말고 목이 아닌 팔로 지탱하세요.

31 몸으로 만드는 멋진 삼각형 자세

※ 효과 : 척추가 바르게 되고 등과 배, 가슴의 위치가 바르게 잡혀요.

❶ 똑바로 선 자세에서 양팔과 다리를 활짝 벌려준다.

발 모양이 어떻게 변하는지 잘 보세요.

❷ 오른쪽 발을 90도 회전하여 손끝과 같은 방향으로 돌려준다.

❸ 양팔을 벌린 채로 몸을 오른쪽으로 기울이고 오른손은 발목을 잡고, 왼손은 하늘로 뻗는다.

❹ 눈은 왼쪽 손끝을 본다.

❺ 방향을 바꿔 왼쪽으로도 똑같이 해본다.

이럴 땐 요렇게!

발꿈치가 들리지 않게 하고 다리와 팔을 쭉 뻗고 자연스럽게 숨을 쉬세요.

발의 방향을 틀어주세요

97

꽈배기처럼 트위스트 다리 꼬기 자세

✱ 효과 : 골반의 틀어짐을 예방해주고 다리를 곧게 자라게 해줘요.

❶ 어깨 넓이로 다리를 벌리고 선 다음 한쪽 발을 다른 쪽 발 옆으로 옮긴다.

> **이럴 땐 요렇게!**
>
> 다리의 위치를
> 옮길 때
> 새끼발가락이
> 서로 마주보도록
> 해주세요.

❷
두 다리를 꼰 상태로
천천히 상체를 숙여
엎드린다.

❸
두 손이 최대한
바닥에 닿도록 뻗으며
고개는 힘을 빼고
떨군다.

5) 신나게 춤춰요, 댄서 자세

✳︎ 효과 : 집중력을 길러주고 자신감이 생겨요.

❶ 정면을 향하고 선 상태에서 왼팔은 앞으로 쭉 뻗고 오른팔은 오른쪽 발목을 잡고 들어 올린다.

이럴 땐 요렇게!

눈앞의 한 점을 바라보면서 중심이 흔들리지 않도록 하세요.

최대한 벌려주세요

❷ 발목을 잡은 손과 반대 손을 얼굴 앞쪽으로 쭉 뻗으며 반대쪽 다리도 최대한 들어올린다.

❸ 한 발로 중심을 잘 잡을 수 있도록 하며, 반대쪽으로도 해본다.

<용기를 주는 이야기>

가슴속에 숨어 있는 열망을 끄집어내라

"아무도 모르는 나만의 열망, 나만의 달란트를
찾아내십시오. 유행이나 주변 사람의 말이 아니라
나를 통찰하고 고민해야 내 가슴속의 진짜 열망과
타고난 달란트를 찾아서 인생을 설계할 수 있습니다.
내 모든 것을 걸고 이루어갈 수 있는 열망과 달란트,
그것을 찾아야 진짜 꿈을 향해 나아갈 수 있습니다."

멀리서 찾지 말라, 꿈은 바로 내 안에 있다

"연극배우가 되겠어."
"오페라 가수가 되어 무대에서 갈채를 받고 싶어."
"무용가가 되고 싶어. 화려하게, 더 화려하게."

어머니는 글도 읽지 못하는 세탁부, 아버지는 별 볼일 없는 구두 수선공, 그리고 가난으로 가득 찬 생활. 그럼에도 불구하고 끊임없이 화려한 조명을 받을 수 있는 일을 꿈꾸던 소년이 있었습니다. 힘든 형편이었지만 소년의 아버지는 이야기를 좋아하고 문화적 감수성을 간직한 사람이었습니다. 그는 매일 잠자리에 들 때면 '아라비안나이트'나 '라퐁텐' 같은 이야기들을 아들에게 들려주었지요. 그리고 그들이 사는 도시인 덴마크 오덴세의 극장에도 종종 소년을 데려가 주었습니다. 하지만 소년이 여덟 살 되던 해에 아버지는 세상을 떠났습니다. 소년은 감수성이 풍부하고 매우 예민한데다가 못생긴 외모에 대한 콤플렉스가 심했습니다. 친구도 별로 없었고 점점 폐쇄적인 성격으로 변해갔죠.

수업 시간에 집중하지 않다가 선생님에게 혼이 난 뒤 소년은 학교에 가기를 거부한 채 집에서 혼자 놀기 시작했습니다.
우리가 잘 아는 인어 공주, 성냥팔이 소녀, 빨간 모자, 잠자는 숲 속의 미녀와 같은 동화들을 남긴 덴마크의 위대한 작가 안데르센의 청소년기는 이렇게 가난과 눈물 그리고 실패로 얼룩져 있었습니다. 그러나 안데르센은 끝까지 포기하지 않았습니다. 시행착오와 실패를 거듭하면서도 진짜 자신의 길이 무엇일까 찾기 위해 수없이 궤도를 수정하고, 거듭 시도하고 또한 실패해 나갔습니다. 그 모든 실패는 결국 진짜 자신의 길을 찾기 위한 과정이었기 때문입니다.
자신의 꿈이 무엇인지 단번에 찾아서 확신할 수 있는 사람은 별로 없습니다. 어린 시절부터 성인이 될 때까지 수없이 생각을 번복하며 자신의 꿈을 찾아가는 것입니다. 안데르센 역시 자신의 꿈을 찾을 때까지 여러 번 결심을 바꾸어야 했습니다.
자신의 꿈을 정할 때 유행이나 다른 사람의 이야기에 현혹되어 따라가는 경우가 종종 있습니다. 모든 사람은 생각하는 방식이 다르고 타고난 기질도 다르므로 타인의 꿈은 타인의 꿈일 뿐 나의 것이 될 수 없습니다. 아무리 훌륭해 보여도 그것은 처음부터 끝까지 다른 사람의 것에 불과합니다. 나의 방식으로, 나의 생각대로 나만의 꿈을 찾아야 합니다.

꿈을 멀리서 찾으려고 하면 정답을 얻기 어렵습니다. 나의 꿈은 다른 곳이 아닌 바로 내 가슴속에 있습니다.

안데르센의 진짜 꿈은 어린 시절부터 내면의 씨앗이 뿌려져 있었습니다. 아주 어릴 때부터 아버지의 이야기를 들으며 자랐고, 아버지가 돌아가신 뒤에도 혼자서 이야기를 상상하며 인형놀이를 했으니까요. 그는 늘 상상 속에서 수없이 많은 이야기를 곱씹었고, 자신이 겪은 평범한 일들을 재미있는 이야기로 만들어 내는 재주가 있었습니다.

"이야깃거리들은 모두 내 마음속에 씨앗처럼 들어 있다. 한 줄기 햇살의 입맞춤과 부드러운 손길이 닿기만 하면 이야기꽃은 피어난다."

안데르센의 말입니다. 안데르센의 창작이 모두 그의 내면에서 나왔듯, 꿈은 우리 각자의 안에 있습니다. 꿈을 멀리서 찾지 마세요. 수없이 많은 직업이 생겨나고 새로운 정보들이 넘쳐나는 세상이지만 자신의 길은 자신 안에 있습니다.

고민 없이 쉽게 찾은 꿈은 허상이기 때문에 중간에 길이 막히거나 곧 싫증을 내게 됩니다. 경솔한 생각만으로 뚜렷한 주관 없이 정한 꿈이니까요. 안데르센에게 오페라 가수나 연극배우, 무용수가 되겠다는 목표는 진정한 꿈으로 향하는 과정에서 거친 허상과 같은 꿈이었습니다.

진정한 꿈을 찾으려면 먼저 나를 관찰하고 내게 어떤 성향이 있으며 어떤 인생을 살기 원하는지를 깊이 생각해 보아야 합니다. 그런 다음에 현실적인 정보와 세상의 변화, 지식을 적용하여 자신과 가장 어울리는 일을 최종 목표로 정해야 합니다.

여러분이 진짜 원하는 일은 무엇입니까? 자신이 무엇을 원하는지 깊이 생각해 보십시오.

순간적인 바람, 남에게 보이기 위한 소망, 지금 당장 하고 싶은 일, 공부가 지겨워서 돌파구로 찾는 어떤 것이 나의 꿈이 될 수는 없습니다. 변덕스러운 마음에 현혹되지 말고 더 깊은 내면의 목소리에 귀 기울여 보세요. 마음속 깊은 곳에서 들려오는 소리에 귀 기울이면 복잡하고 혼란스러운 인생 항로에 든든한 안내자가 될 것입니다.

자신을 관찰하고 또 관찰하면서 정확하게 자신의 달란트와 원하는 바를 읽어낸다면 시행착오를 최대한 줄이면서 목적지에 당도할 수 있습니다. 세상이 정해놓은 길이 아니라 자신만의 재능을 발견하고, 순간적인 충동이 아니라 자기 가슴속의 진정한 열망을 발견하기 위해 애써야 합니다.

여러분이 자신 안에서 끄집어낸 그것, 그것만이 바로 '진정한 꿈'이라 할 수 있기 때문입니다.

『청소년을 위한 시크릿』 중에서……

`tip

성장을 도와주는
여러 가지 요소

아이는 시간이 지난다고 해서 그냥 쑥쑥 자라는 것이 아니다. 벼가 자라서 쌀을 수확하기까지 농부의 땀과 노력이 필요한 것처럼 아이의 키도 마찬가지이다. 모내기부터 수확까지 1년을 하루같이 잡초를 뽑아주고 거름을 주고 여름 내내 땡볕 아래에서 구슬땀을 흘려야 가을에 황금들판을 볼 수 있다.

아이의 키를 키우기 위해 부모는 어떤 노력을 해야 할까?

앞에서도 언급했듯이 아이의 키를 크게 하는 요소에는 여러 가지가 있다. 요가를 하기 전에 기본적으로 갖추어져 있어야 할 아이의 주변 환경과 생활습관은 부모가 만들어줘야 한다. 부모의 역할이 무엇보다 중요한 것이다.

부모라면 꼭 알아야 할 아이의 성장을 도와주는 요소와 요가를 하기 전에 기본적으로 갖춰야 할 키 크기 습관에 대해 자세하게 살펴보자.

키를 자라게 하는 생활습관

일상생활 속에서 부모가 무심코 하는 대수롭지 않은 행동들이 아이의 키를 자라지 않게 하는 주범이 될 수 있다. 조금만 신경 쓰면 고칠 수 있는 생활 속의 작은 습관들로 아이의 키를 더 크게 키워보자.

아침밥은 꼭 먹어요

성장기 아이에게 아침밥은 정말 중요한 요소 중의 하나다.

아침밥을 거르게 되면 점심이나 저녁에 과식을 하게 되어 영양의 불균형과 영양결핍이 생길 수 있다. 또한 아침을 먹지 않으면 점심식사 때까지 약 17시간 정도의 공복이 지속되게 된다. 그러면 아이는 저혈당으로 집중력과 사고력이 떨어져 학교에 가서도 공부에 집중하기가 어렵다. 아이에게 아침밥을 꼬박꼬박 챙겨 먹이면 두뇌 활동을 활발하게 하여 창의력과 기억력을 향상시켜준다. 또한 체지방을 조절해 비만이 될 확률이 낮아지고 소화활동을 활발하게 해 변비를 예방해준다. 아침에 아이가 일어나기 힘들어하고 학교 갈 준비로 바쁘더라도 아침밥을 꼭 먹도록 습관을 들여야 한다.

몸에 꼭 필요한 필수영양소를 골고루 먹어요

어릴 때는 부모들이 챙겨주는 음식들로 골고루 섭취하다 보니 별다른 문제가 없지만 스스로 결정할 수 있는 나이가 되면 조금씩 입맛에 맞는 음식만 먹으려고 하는 편식습관이 생기기 시작한다. 이때 아이의 의사를 존중해준다고 아이가 좋아하는 음식만 먹이면 영양의 불균형이 올 수 있다. 아이의 식단에서 너무 달거나 짜거나 기름진 음식을 피한다.

우유, 치즈, 두부, 육류, 시금치, 당근 등 단백질과 칼슘, 아연, 요오드, 철, 비타민 B1/B2 등이 풍부한 재료로 아이가 좋아하는 요리를 만들어주도록 한다. 또한 아이들이 좋아하는 햄버거나 피자 등 패스트푸드를 완전 차단하기보다는 먹는 횟수를 줄이면서 다른 음식으로 대체하는 지혜가 필요하다. 충분한 칼로리를 섭취하고 편식하지 않아야 아이의 키가 자랄 수 있다.

딱 맞는 옷이나 신발은 싫어요

옷이 한창 자라나는 아이들의 몸과 마음에 미치는 영향은 의외로 꽤나 크다.

피부에 달라붙듯 옥죄이는 청바지 같은 것은 다리 전체를 압박하여 혈액의 흐름을 방해하기 때문에 가능한 한 여유 있는 옷을 입도록 하는 것이 좋다. 무심코 지나치기 쉬운 신발과 양말도 너무 조이는 것은 피해야 한다. 너무 탄력 있는 양말은 보기에는 좋을지 몰라도 혈액의 흐름에는 방해가 될 수 있기 때문에 피하는 것이 바람직하다.

내 아이가 훤칠한 키에 건강한 몸을 가지기를 원한다면 당장은 유행에 뒤떨어지고 멋이 덜 나더라도 아이들이 마음껏 활동할 수 있도록 동작하기 편하고 땀 흡수와 통풍이 잘 되는 조금 넉넉한 옷들을 골라주어야 한다.

숨은 키 살려주는 수면습관

잠은 몸과 마음의 성장과 안정, 두뇌발달과 뗄래야 뗄 수 없는 중요한 요소다.
아이의 키를 크게 하기 위해 올바른 수면습관을 꼭 길러주자.

성장호르몬이 분비되는 시간을 놓치지 말아요

잠을 잘 때는 두뇌의 피로회복과 각종 호르몬 분비가 이뤄지며 우리 몸의 생리적 기능이 정상적으로 조절된다. 성장호르몬도 잠들고 1~2시간 뒤에 평소의 40~50배나 많이 분비된다. 잠이야말로 우리 몸에서 가장 활발히 활동하는 뇌를 쉬게 해 피로를 회복하게 하는 중요한 휴식활동인 셈이다.

아이의 성장호르몬은 밤 10시부터 새벽 2시 사이에 가장 많이 분비된다. 때문에 9시부터 아이가 잠자리에 들도록 습관을 들이는 것이 좋다. 아이가 늦게까지 TV와 컴퓨터 게임 등에 빠져서 잠을 이루지 못하게 되면 아침에 일어나는 시간도 늦어지게 된다. 아이에게는 잠자리에 들라고 하면서 부모가 TV를 보거나 다른 활동을 하면 아이는 자연스럽게 잠자리를 거부하게 되기 때문에 부모가 솔선수범을 보여야 한다. 아이에게 올바른 잠습관을 길러주기 위해서는 부모도 아이와 함께 잠자리에 들고 일찍 일어나도록 노력해야 한다. 만약 밤 늦게까지 할 일이 있다면 아이가 잠 들 때까지만이라도 잠자는 분위기를 만들어주도록 해야 한다.

잠은 규칙적으로 지키고 낮잠은 짧게

숙면을 하려면 매일 같은 시각에 잠자리에 들고 같은 시각에 일어나야 한다. 특히 잠드는 시간보다는 일어나는 시간을 엄격히 지키는 것이 중요하다. 낮잠을 늘어지게 자는 버릇도 좋지 않다. 굳이 낮잠을 잔다면 매일 같은 시간에, 너무 많이 자지 않도록 해야 한다. 불규칙한 낮잠은 아이의 수면 욕구를 감소시킬 뿐만 아니라 아이의 생체 리듬을 무너뜨리기 때문이다.

하루 종일 뛰어 놀아 피로가 쌓이고 몸이 지저분해진 아이는 잠자리에 들기 전에 따뜻한 물로 목욕을 시켜주면 피로가 풀리면서 잠을 잘 잔다. 아이가 잠자리에서 뒤척거리며 잠을 잘 이루지 못할 때에는 동화책을 읽어주거나, 잔잔한 음악을 틀어주는 것도 좋다. 너무 배가 고프거나 너무 배가 불러도 잠이 잘 오지 않기 때문에 잠들기 3시간 전에는 음식을 먹이지 않는 것이 좋다.

일찍 자고 일찍 일어나는 착한 어린이 되기

아침마다 햇빛을 쬐게 하면 멜라토닌 분비가 빨라져 일찍 잠을 자게 된다. 잠을 일찍 자게 되면 자연히 일찍 일어나게 된다. 하루 중 인간의 뇌 활동이 가장 활발한 시간은 아침 6~8시이기 때문에, 이 시간을 잠으로 보내는 것보다는 좀 일찍 일어나서 자기 발전의 시간을 갖는 것이 좋다.

형제나 자매가 있는 경우, 형이나 동생과 한 방에서 자게 하면 일찍 일어날 확률이 높다. 먼저 일어난 형제가 이불을 뒤척이거나 말을 하면서 잠을 깨우기 때문이다. 형제끼리 경쟁의식을 자극하는 것도 방법이다. 또한 아침에 일어났을 때 무엇인가 자신이 좋아하는 일을 할 수 있다는 것은 아이에게 큰 기쁨이다. 아침에 10분 정도 아이가 좋아하는 비디오를 틀어놓는 등 일어나자마자 할 수 있는 일을 만들어놓는다. 매일 잠들고 일어나는 시간을 정해주고 아이가 혼자 정해진 시간에 잠자리에 들고, 아침에 잘 일어나면 칭찬을 해주어 아이가 자연스럽게 일찍 자고 일찍 일어나는 습관을 가지게 해주자.

잠자리는 쾌적하고 편안하게

잠을 푹 자려면 잠자리 환경도 중요하다. 아이의 이불은 가볍고 따뜻하며 수분이나 열에 강한 제품이 좋다. 사람은 잠을 자면서 하룻밤에 약 한 컵 분량의 땀을 흘린다고 한다. 따라서 이불은 일주일에 한 번씩 햇볕에 말리고 2~3년마다 새 것으로 교체하는 게 좋으며, 잠옷은 몸에 달라붙지 않는 품이 넉넉하고 조이지 않는 것으로 면 재질의 제품을 선택하는 것이 좋다.

잠을 잘 때 아이 방의 온도는 18~22도가 적당하고 습도는 50~60%가 좋다.

간혹 아이가 책을 읽다가 불을 켜놓고 잠이 들 경우가 있다. 아이가 깊게 잠이 든 것처럼 보이더라도 아이 방의 불을 반드시 꺼 주어야 아이가 숙면을 취할 수 있다.

숨은 키 살려주는 운동습관

운동은 성장호르몬 분비를 촉진하고 편안한 잠을 자도록 도와준다. 특히 유산소 운동을 하면 성장호르몬이 활발하게 분비된다. 올바른 운동습관으로 내 아이의 숨은 키를 살려줄 수 있다.

준비운동과 정리운동은 필수!

어떤 운동이라도 효과를 높이고 부상하기 예방을 위해서는 준비운동과 정리운동을 반드시 해주는 것이 좋다. 특히 아침에 일어나서 운동을 하게 되면 기온이 낮아서 몸이 제대로 풀리지 않아 아이의 근육에 무리가 갈 수 있기 때문에 준비운동이 꼭 필요하다. 준비운동을 통해 뭉친 근육을 풀어주고 뼈를 유연하게 해주면 본격적인 키크기 운동에서 더 좋은 효과를 볼 수 있다. 아이와 함께 운동을 끝마친 후에도 정리운동을 빼먹지 않도록 한다.
정리운동을 통해 몸을 쉬어주면서 심장박동수와 체온을 되돌려주는 것이 좋다. 준비운동과 정리운동은 10~20분 정도로 스트레칭이나 맨손체조 등 가벼운 것으로 한다.

정해진 시간에 꾸준하게 하는 것이 효과 최고!

운동을 시작하자고 마음먹기는 쉽지만 늘 작심삼일! 꾸준히 운동하기는 어렵다. 아이들의 경우 더욱 그러하다. 하지만 어떤 운동이라도 꾸준히 해야 효과를 볼 수 있다. 키크기 운동도 마찬가지다. 꾸준히 운동을 하기 위해서는 운동 스케줄을 만들어서 정해진 시간에 운동을 하는 습관을 들이는 것이 좋다. 아이의 하루 일과를 생각해보고 적당한 시간에 맞춰 운동을 함께 하는 것이 좋다.
만약 시간을 내기가 어렵다면 아침에 일어나서 스트레칭을 하고 점심을 먹고 나서 몇 가지 요가 동작을 하고 저녁에 잠자리에 들기 전에 가벼운 운동을 하는 식으로 짬짬이 운동을 할 수 있도록 스케줄을 짜주는 것도 좋은 방법이다.

편안한 옷을 입고 재미있고 즐겁게 운동해요

아이가 운동을 할 때에는 몸에 딱 맞고 꽉 끼는 옷보다는 통풍이 잘 되고 땀 흡수가 잘 되는 면 소재의 옷이 좋다. 너무 두꺼운 옷도 좋지 않지만 너무 얇고 간편한 옷을 입으면 운동 후 땀이 빠르게 증발되면서 체온이 떨어지고 감기에 걸릴 수 있다.
아이가 운동을 하기 싫어한다면 아이가 좋아하는 음악을 틀어주거나 신나는 분위기를 만들어 즐겁고 재미있게 운동하는 것이 좋다. 아이에게 억지로 하기 싫은 운동을 시켜서는 효과를 볼 수 없다. 아이가 적극적으로 참여할 수 있도록 놀이처럼 운동을 하는 것도 좋다.

운동이 끝나면 깨끗이 씻고 휴식을 취해요

운동이 끝나면 몸에 피로가 쌓이게 된다. 정리운동을 통해 긴장된 근육을 풀어주고 운동을 다 마쳤으면 아이를 깨끗이 씻기고 휴식을 취하도록 해야 한다. 운동을 하면서 흘린 땀을 씻어주고 물을 충분히 마시게 하여 부족한 수분을 보충해준다. 잠시 낮잠을 자면서 몸을 쉬게 해주거나 차분히 앉아서 음악을 듣거나 책을 읽는 등의 정적인 활동을 하면서 몸의 긴장을 풀어주고 근육을 이완시켜주면 기분이 상쾌해지고 건강해지는 것을 아이가 스스로 느낄 수 있을 것이다.

숨은 키 살려주는 자세습관

아이가 앉아 있을 때 구부정하지는 않은지, 서 있을 때 자세가 어정쩡하지는 않은지 한번 살펴보도록 하자. 성장기 아이에게 올바른 자세는 처음에는 힘들더라도 습관을 들이면 평생 아름답고 건강한 몸매의 비결이 된다.

앉아 있을 때 올바른 자세

몸을 구부정하게 하지 말고, 항상 상체를 바로 세우도록 노력한다.
공부할 때는 고개를 숙이는 자세를 취하게 되는데 책상 위에 책을 쌓거나 혹은 독서대를 이용하여 눈높이를 편안하게 맞춰주는 것이 좋으며 의자에 앉을 경우는 틈틈이 고개를 뒤로 젖히는 운동을 해주면 좋다. 또 의자를 고를 때도 등받이에 탄력성이 있는 것을 고르고, 엉덩이 부분이 움푹 파인 것이 좋다. 허리의 파인 부분을 항상 받쳐줄 수 있도록 쿠션이나 수건으로 허리 받침대를 대주는 것이 좋다.
방바닥에 책상다리를 하고 앉거나 모로 앉는 자세, 그리고 의자에 앉아서 습관적으로 한쪽 다리만 꼬는 자세는 골반을 틀어지게 하므로 주의해야 한다.

서 있을 때 올바른 자세

고개는 세우고 턱은 약간 들고 가슴은 세워 앞으로 펴 골반은 뒤로 빼주어야 한다. 이렇게 정상적인 척추의 만곡을 유지한 채 곧바로 서야 되며 오랫동안 서 있을 때는 한쪽 발을 블록이나 받침대를 이용해 교대로 올려놓는 것이 좋다.

걸을 때 올바른 자세

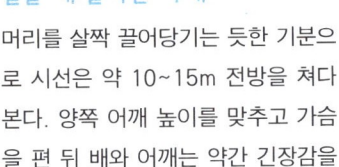

머리를 살짝 끌어당기는 듯한 기분으로 시선은 약 10~15m 전방을 쳐다본다. 양쪽 어깨 높이를 맞추고 가슴을 편 뒤 배와 어깨는 약간 긴장감을 쥐 끌어당기고 양 무릎가 발뒤꿈치는 살짝 닿게 하는데 발앞꿈치는 2~3cm 간격을 두면 된다. 팔은 가볍게 구부린 채 어깨를 축으로 앞뒤로 움직이며 걷는다.
또 발이 땅에 닿는 순간도 중요하다. 발끝을 살짝 위로 올리면서 착지하는 기분으로 걸으면 자연스럽게 발뒤꿈치부터 지면에 닿아 충격을 흡수해준다. 내디딜 다리의 무릎은 너무 굽히지 말고 어깨통만큼 벌려 다시 발뒤꿈치부터 착지한 뒤 발바닥은 바깥쪽부터 안쪽으로 닿도록 한다. 특히 걸음이 허리에서 시작되는 느낌으로 다리를 곧게 뻗으며 나가거나, 엉덩이를 좌우로 실룩거리는 것은 좋지 않다.

3 part

온몸이 유연해져요,
몸 활짝 요가

친구와 함께,
동생과 함께,
엄마와 함께하는 놀이!

손을 잡고,
등을 맞대고,
얼굴을 마주보면서,
마음껏 사랑할 수 있는
재미있고 즐거운 맞춤 요가,

몸 활짝 요가!!

키가 잘 크려면
근육도 함께 발달하고 성장해야 한다

우리 몸에는 400여 개의 근육이 있다. 근육은 뼈 다음으로 키를 쑥쑥 크게 하는 데 꼭 필요한 요소로 뼈 성장에 없어서는 안 될 중요한 존재이다. 뼈와 뼈 사이를 연결해주고 뼈를 자유롭게 움직이도록 하는 것이 바로 근육이기 때문이다. 뼈는 점점 자라는데 근육이 함께 자라지 않으면 어떻게 될까? 사실 근육이 자라지 않으면 뼈는 자라지 못한다. 따라서 키가 잘 크려면 근육도 함께 발달하고 성장해야 한다.

키가 잘 크려면
근육도 함께 발달하고
성장해야 한다.

또한 아이가 운동을 하면서 키가 잘 자라기 위해서는 효과적이면서도 전략적인 운동 계획이 필요하다. 키 크는 운동은 근육도 발달시켜주고, 성장호르몬의 분비도 도와주고, 성장판을 자극해주는 운동이어야 한다. 운동의 강도가 너무 강하면 근육과 뼈에 무리를 주어서 성장판에 손상을 줄 수도 있기 때문이다. 그와 반대로 운동의 강도가 너무 약하면 운동의 효과가 제대로 나타나지 않아 도움이 되지 않는다.

키 성장에 도움이 되는 운동을 몇 가지 꼽아보자면 우선 온몸을 쭉쭉 늘려주는 스트레칭을 꼽을 수 있다. 뼈와 근육에 적당한 자극을 주어 관절에 무리가 가지 않으면서도 근육을 강화시켜주고 성장호르몬의 분비를 활발하게 돕기 때문이다. 스트레칭과 함께 줄넘기, 농구, 배드민턴, 수영 등이 아이의 키 성장을 도와준다.

하지만 씨름이나 레슬링, 역도, 유도와 같은 운동은 키 성장에 방해가 되는 대표적인 운동들이다. 위의 운동들은 근력을 많이 필요로 하기 때문에 온몸의 힘을 기르기 위해 뼈의 성장보다는 근육의 성장을 유도하게 된다. 올림픽에 출전한 레슬링 선수나 역도 선수들의 키가 대부분 작은 이유도 바로 이 때문이다.

뼈와 근육에 적당한 자극을 주어 관절에 무리가 가지 않으면서도 근육을 강화시켜주고 성장호르몬의 분비를 활발하게 도와주기 때문이다.

전문가들은 5~15세 정도의 성장기 아이에게 좋은 운동으로 요가를 추천한다. 요가는 스트레칭과 휴식이 적절한 조화를 이루고 있으며, 몸과 마음을 함께 수련해줄 수 있는 운동이다. 게다가 동작의 난이도를 아이의 컨디션과 운동 능력에 따라 조절할 수 있어 더욱 적합하다.

또한 마음이 잘 맞는 친구와 함께 즐거운 놀이를 하듯이 마음 편안하게 할 수 있는 운동이 바로 요가다. 몸 활짝 요가는 친구, 동생, 엄마와 함께여서 더 즐겁고 신나게 즐길 수 있다. 스킨십으로 엄마의 사랑을 마음껏 표현할 수 있는 따뜻한 요가, 지금부터 배워보자!

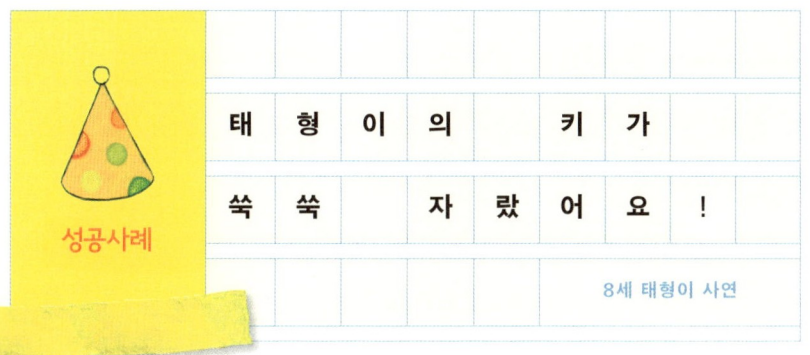

태형이의 키가 쑥쑥 자랐어요!

8세 태형이 사연

2대 독자인 여덟 살 태형이의 엄마랍니다.

위로 누나를 세 명이나 두고 6년 만에 태어난 우리 귀한 막내아들 태형이는 가족들의 무한한 사랑과 지지를 받으면서 밝고 건강하게 자라고 있습니다. 저희 부부는 물론 세 명의 누나들 모두 태형이를 너무 사랑해주고 잘 챙겨주어서 태형이는 구김살 없이 밝고 명랑한 아이로 자랐답니다. 친구들과 사이도 너무 좋아요. 다만 또래 아이들에 비해 키가 너무 작다는 게 한 가지 흠이라면 흠이었지요.

그런데 어느날 보니 태형이의 키가 너무 작아서 학교 친구들이 땅꼬마라고 부르더라고요. 저는 그 별명이 맘에 들지 않고 기분이 나빴어요. 아이들끼리 그냥 재미로 부르는 별명이라 제가 나서서 친구들에게 별명을 부르지 말라고 혼내는 것도 모양새가 좋지 않을 것 같아서 그냥 참고만 있었습니다.

딸들과 함께 태형이의 키 문제를 상의하다가 늘 앉아서 책읽기를 즐기는 태형이의 평소 생활습관에 대한 이야기를 나누게 되었습니다. 우리 태형이는 밖에서 공을 차거나 뛰어 놀기보다는 집에서 책을 보거나 컴퓨터 게임을 하는 등 가만히 한 자리에서 노는 것을 더 좋아하거든요. 유치원 다닐 때까지만 해도 또래 아이들에 비해 키가 작다는 느낌을 받지 못했는데 초등학교에 입학하고 보니 유난히 작더라고요. 초등학교에 입학할 때에도 키가 제일 작아서 맨 앞에 서 있었거든요. 그래서 입학하는 날, 시골에서 올라오신 태형이의 할머니, 할아버지께서도 걱정이 많으셨답니다. 결국 우리 가족은 태형이가 움직임도 별로 없는데다 활동량이 다른 친구들보다 적어서 그런 것 같다는 결론을 내렸습니다. 그리고 태형이에게 성장 체조를 시켜보기로 결심했습니다.

책읽기를 좋아하는 우리 막내 태형이, 또래 아이에 비해 키가 너무 작아서 항상 맨 앞에 서 있는 모습을 볼 때마다 정말 속상해요.

성장 체조를 시작하고
약 6개월 정도가 흘렀을
때 태형이의 키가 눈에
띄게 자랐다는 걸 느낄
수 있었습니다. 재어보니
정확하게 7.5cm가
자랐더라고요.

우선 평소에 태형이가 관심을 가지고 있던 태권도 학원에 보내주기로 했어요. 태형이가 도복을 입고 발차기를 하는 멋진 형들의 모습을 TV에서 보고는 태권도를 배우고 싶어 했거든요.

그렇게 태권도 학원을 다니던 중에 태형이의 키에 관해 이야기를 하다가 성장 체조가 키를 키워준다는 이야기를 듣고 찾아가보게 되었습니다. 태권도 학원에서 돌아오면 우선 마사지로 뭉친 다리와 팔 등의 근육을 풀어주고 가벼운 스트레칭과 요가 동작을 골고루 하게 했습니다.

성장 체조를 시작하고 약 6개월 정도가 흘렀을 때 태형이의 키가 눈에 띄게 자랐다는 걸 느낄 수 있었습니다. 키를 재어보니 정확하게 7.5cm가 자랐더라고요. 온 가족이 너무 기쁜 나머지 케이크를 사와서 파티를 했답니다. 우리 태형이에게 앞으로도 성장 체조를 꾸준히 시켜서 땅꼬마라는 별명 대신 롱다리라는 별명을 만들어주고 싶어요.

part 3 온 몸이 쑤욱쑤욱, 쑥쑥 활짝 요가

친구, 동생과 함께하는 즐거운 요가 놀이

편안하고 즐거운 마음으로
놀이처럼
할 수 있는 요가.
-
서로 도와주고
함께 무럭무럭 자라나는
마음까지 활짝 열리는 요가.

아이에게 햇볕 아래에서 뛰어노는 것보다 좋은 운동은 없다. 햇볕은 비타민D를 합성시켜 뼈를 성장하게 하며, 뛰어노는 도중에 자연스럽게 삐뚤어진 척추를 바로 세우고 근육에도 힘을 만들어준다. 이곳저곳을 경쾌하게 뛰어다니다 보면 성장호르몬 분비가 촉진되는 것은 물론 스트레스를 없애주어 신진대사를 왕성하게 한다. 답답한 실내를 벗어나 아이들을 데리고 놀이터로 나가보자. 친구들과 놀이터에서 신나게 뛰어노는 것이 신체건강은 물론 정신건강, 나아가 키 크는 데도 훨씬 도움이 된다. 놀이터나 운동장에서 마음껏 햇볕을 받으면서 친구, 동생과 함께 즐겁게 할 수 있는 요가로 신나는 시간을 보내보자!

몸으로 만드는 커다란 W 자세

✳ 효과 : 위와 장이 튼튼해지고 아랫배가 쏙 들어가서 허리를 날씬하게 만드는 자세.

❶ 서로 마주보고 앉아서 발가락 끝을 맞댄다.

❷ 팔은 등 뒤로 하고 손가락 끝이 엉덩이 쪽을 향하게 해서 바닥을 짚는다.

이럴 땐 요렇게!

무릎을 쭉 펴고 배에 힘을 준 채로 꾹 참으세요.

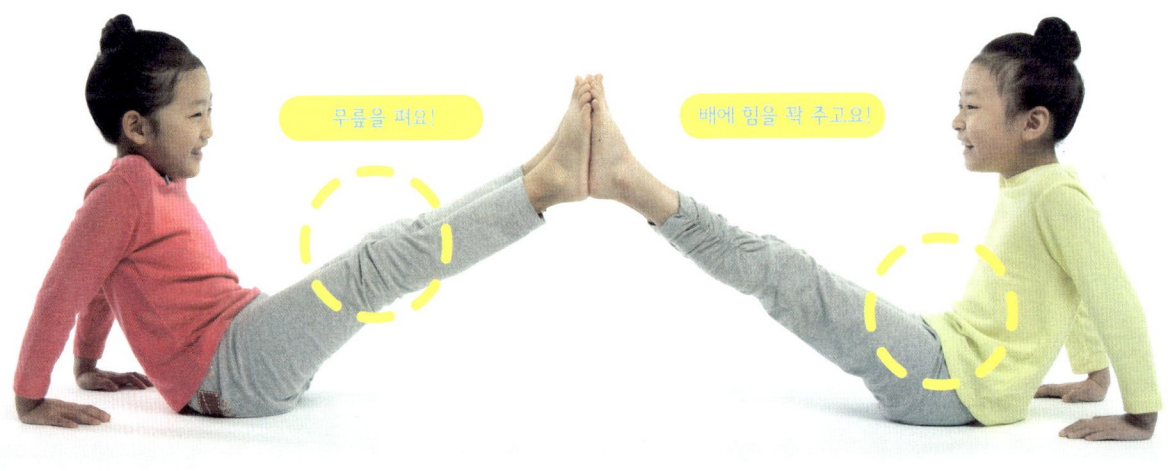

무릎을 펴요!

배에 힘을 꽉 주고요!

❸
상체를 천천히 뒤로 젖히고 다리를 쭈욱 펴서 발바닥을 서로 맞대어준다.

2] 멋쟁이 왕자와 공주가 쓰는 예쁜 왕관 자세

✳ 효과 : 소화가 잘 되고 변비가 없어지면서 머리가 맑아지는 자세.

❶ 무릎 꿇고 고개를 최대한 숙여 바닥에 닿게 한 다음 발끝을 세우고 엎드린다.

❷ 팔은 자연스럽게 구부리고 팔꿈치가 바닥에 닿게 한다.

이럴 땐 요렇게!

머리가 바닥에 닿을 때 목에 힘을 주면 안 되요.

손은 서로 깍지를 껴요

❸ 고개를 숙이고 엉덩이를 들어준다.

❹ 최대한 엉덩이를 들고 두 팔을 위로 뻗어 친구의 손을 잡는다. 머리가 바닥에서 떨어지지 않도록 한다.

높이높이 올라가는 하늘보기 자세

❋ 효과 : 신체를 조절하는 힘이 생기고 협동심을 길러주는 자세.

❶ 다리를 어깨넓이만큼 벌리고 상대방의 손을 마주 잡고 선다.

❷ 허리를 천천히 뒤로 젖히면서 고개를 들어 하늘을 본다.

이럴 땐 요렇게!

머리와 상체의 힘을 완전히 빼주세요.

엄마와 함께하는 즐거운 요가 놀이

엄마의 사랑을
가득 담은
행복한 요가.
-
스트레스가 날아가고
기분이 좋아지는
신나는 요가.

사랑을 표현하는 방법에는 여러 가지가 있다. 그 중에서도 아이의 정서적인 측면에서 가장 오래도록 기억에 남게 하며, 아이의 인성에 큰 영향을 미치는 것이 바로 부모와 함께하는 시간이다.

머리를 쓰다듬어주고, 포옹을 해주고, 입맞춤을 해주며 아이와 함께하는 시간들은 아이가 나중에 다른 사람들에게도 사랑을 표현할 줄 아는 마음을 만들어주고, '엄마 혹은 아빠가 항상 나를 아껴주고 사랑해준다.'라고 느끼게 해서 심리적인 안정감을 준다.

이제 엄마와 함께하는 즐거운 요가 놀이를 통해 스킨십과 애정표현을 자연스럽게 하는 방법을 배우고, 키가 크고 몸의 각 부분들이 효율적으로 발달하는 데도 도움을 주는 간단한 놀이들을 익혀보자.

맛있는 삼각 김밥 자세

✱ 효과 : 엄마에게는 다이어트, 아이에게는 성장판을 자극시켜줘요.

❶ 아이는 어깨넓이만큼 무릎을 벌리고 두 팔을 쭉 뻗어 바닥에 엎드린다.

❷ 엄마는 아이 뒤편에 자연스럽게 앉아 아이의 허리를 잡아준다.

엄마는 발바닥 전체를 바닥에 붙이고 무릎이 구부러지지 않도록 해요.

무릎은 펴고!

발이 바닥에서 떨어지지 않게!

❸
엄마는 아이가 엉덩이를 세우고 팔을 뻗도록 도와준 다음, 다리와 팔을 곧게 펴고 손바닥으로 바닥을 짚어서 삼각형을 만든다.

❹
아이는 무릎과 발로 몸을 지탱하며 엉덩이를 높게 들고 얼굴은 바닥 쪽을 보며 팔을 쭉 뻗어준다.

2) 엉금엉금 거꾸로 책상다리 자세

✱ 효과 : 몸 구석구석이 단단해져요.

❶ 손가락을 엉덩이 방향으로 향하게 한 후 무릎을 직각으로 세우고 앉는다.

❷ 엄마는 아이와 등을 지고 같은 자세를 만든다.

엉덩이가 바닥 쪽으로 처지지 않도록 허리에 힘을 주세요.

❸ 천천히 엉덩이를 들어 몸의 모양을 책상처럼 만든다.

❹ 팔과 허리에 힘을 주고 자세를 유지하면서 엄마와 아이가 서로를 마주본다.

호흡이 척척 엄마와 함께 물건 나르기 자세

✳ 효과 : 엄마는 허리의 군살이 쏙 빠지고 아이는 균형잡힌 몸매로 자라요.

❶ 서로 등지고 서서 다리를 어깨넓이만큼 벌려준다.

❷ 팔을 등 뒤쪽으로 쫙 뻗으며 서로 공을 맞잡을 수 있게 한다.

풍선이나 공을 사용해요!

❸
이번에는 올렸던 팔을 아래로 내려 다리 사이로 공을 맞잡는다. 고개는 최대한 숙여 서로의 시선이 마주칠 수 있도록 한다.

이럴 땐 요렇게!

두 발이 바닥에서 떨어지면 안되요.

발 꼭 붙이기!

4) 두 배로 커진 더블 샌드위치 자세

 효과 : 아이의 협동심을 길러줘요.

❶ 서로 등을 맞대고 엄마는 무릎을 꿇고 앉고, 아이는 무릎으로 선다.

❷ 엄마는 이마가 완전히 바닥에 닿게 해서 아이가 뒤로 몸을 활짝 젖힐 수 있도록 평평하게 만들어준다.

이럴 땐 요렇게!

아이가 엄마 등에 기대었을 때 엄마가 갑자기 움직이지 않도록 하세요.

천천히 기지개를 펴요!

❸
엄마가 상체를 숙여 몸을 접으면 아이는 등 위에 자연스럽게 기대면서 기지개를 켠다.

5) 스르렁 스르렁 보물이 가득한 박 타기 자세

✻ 효과 : 고관절과 무릎 관절이 유연해지고 부드러워져요.

엄마와 손목을 마주 잡아요!

❶ 아이와 마주보고 앉아서 서로 다리를 벌려 마름모를 만든다.

❷ 팔이 풀리지 않도록 맞잡고 서로 마주본다.

❸
아이의 등이 펴지는 것을 느끼면서 아이를 쭈욱 끌어당겨준다.

❹
반대로 아이가 뒤로 몸을 젖혀 엄마를 끌어당기게 해준다.

이럴 땐 요렇게!

무릎이 구부러지지 않도록 하고 억지로 아이의 팔을 당기지 않도록 해요.

6] 둥실둥실 포근한 구름 타기 자세

✱ 효과 : 허리가 튼튼해져요.

❶ 엄마는 무릎과 손을 바닥에 대고 몸이 직각이 되도록 엎드린다.

❷ 아이는 엄마 옆에 무릎을 꿇고 정면을 보고 앉는다.

이럴 땐 요렇게!

엄마는 최대한 천천히 움직이면서 아이의 상태를 살피세요.

❸
아이는 팔을 뒤로 젖히며 엄마의 허리 위에 등을 대고 눕는다.

7) 목이 쑥 나오는 미니 코브라 자세

✱ 효과 : 가슴이 활짝 펴지고 등이 휘어지지 않아요.

part 3

목 몸이 유연해져요. 몸 활짝 요가

❶ 아이를 바닥에 엎드리게 한다.

❷ 엄마는 아이의 다리 위에 무릎을 구부려 앉고 아이의 팔을 잡는다.

140 우리 아이 키 커지는 하루 30분

이럴 땐 요렇게!

너무 세게 팔을 당기지 않도록 하고 아이는 가슴을 활짝 펴주세요.

가슴을 펴요!

❸
엄마는 아이의 팔을 천천히 위로 당기고 아이의 시선은 하늘을 본다.

08 엄마랑 함께 만드는 커다란 W 자세

✤ 효과 : 온몸에 힘을 길러줘요.

❶ 엄마는 아이와 마주보고 앉아서 아이의 발목을 잡는다.

❷ 엄마의 다리 사이에 아이의 다리가 들어오게 하고, 아이는 팔을 뒤로 뻗어 바닥을 짚는다.

이럴 땐 요렇게!

엄마는 배에 힘을 주며 자세가 흐트러지지 않도록 중심을 잡아주세요.

배에 힘을 꽉!

❸ 무릎을 펴며 천천히 발을 하늘로 들어 올린다.

❹ 엄마는 아이의 무릎이 구부러지지 않도록 잘 잡고 다리를 쭉 뻗어 엉덩이와 배로 몸을 지탱한다.

91 우뚝 솟은 씩씩한 나무 목(木) 자세

✱ 효과 : 균형감과 집중력이 생겨요.

① 아이와 나란히 붙어 선다.

② 바깥쪽 발을 잡고 안쪽 다리의 허벅지에 붙여준다.

📝 **이럴 땐 요렇게!**

중심을 잘 잡기 위해 시선은 한 곳에 집중해주세요. 서로 하트모양을 만든다고 생각하면 더 재밌게 할 수 있어요.

❸
엄마는 아이의 가슴을, 아이는 엄마의 허리를 잡고, 바깥쪽 손을 들어 위로 올리며 중심을 잡아준다.

<용기를 주는 이야기>

몰두와 집중의 신비로운 힘을 체험하라

"사람이 타고나는 재주나 IQ에는 큰 차이가
없습니다. 차이가 있다면 자신의 재주나 IQ를
계발하는 집중력입니다.
한 가지 일에 몰두할 때 머리가 좋아지고,
한 가지 일에 오랫동안 집중하면 세상을 바꿀 정도로
큰 성과를 낼 수 있습니다."

몰입하라, 평범한 사람도 천재성을 발휘하게 된다

사람이 타고나는 능력은 큰 차이가 없습니다. 서로 다른 재주를 타고날 뿐입니다. 그런데도 누군가는 자신의 분야에서 영원히 이름을 남기고 누군가는 아무것도 이루지 못하기도 합니다.
왜 그럴까요? 자신의 분야에서 작은 일이라도 이루고 성취한 사람들에게서는 거의 예외 없이 공통점을 찾아 볼 수 있습니다. 바로 그들이 어떤 일을 이루기까지 그 한 가지에 몰두하고 집중했다는 것입니다.
평소에는 잘 외워지지 않던 영어 단어나 수학 공식이 시험 직전에는 신기할 정도로 머리에 쏙쏙 들어오는 경험을 누구나 해본 적이 있을 것입니다.
이처럼 '몰두'라는 것은 신기한 힘을 가지고 있습니다. 몰두할 때면 자신이 가진 능력을 두 배, 세 배로 발휘하게 됩니다. 공부를 할 때도 음악을 듣고 무언가를 먹으면서 느슨하게 하는 것보다는, 짧은 시간을 하더라도 집중해서 할 때 훨씬 효과가 뛰어납니다.

바버라 맥클린톡이 위대한 업적을 남기고 여성 단독으로는 최초로 노벨상을 수상한 비결은 무엇일까요? 바로 그녀가 자신의 일에 몰두하고 집중하는 힘이 남들보다 컸기 때문입니다.
바버라는 철이 들고 성장하면서 학문에 몰두하기 시작했고 결국 과학자가 되었습니다. 여러 가지 일을 열심히 해본 결과, 혼자 집중할 수 있는 연구가 제일 재미있다는 것을 깨달았기 때문입니다. 이후 학업에 전념한 결과 그녀는 1927년 스물다섯의 이른 나이에 박사 학위를 받았습니다.
당시 여자는 대학도 잘 보내지 않던 시절이었습니다. 물론 여성 과학자들은 일자리도 얻기 힘들었죠. 바버라는 연구를 계속하는 동안 기본적인 생계를 해결할 일거리가 없어 늘 벽에 부딪쳐야 했습니다. 여성을 차별하는 사회 분위기 속에서 일거리를 찾기는커녕 그녀를 시기하는 사람들에게 배척을 당하기도 했습니다. 하지만 그녀는 확신을 가지고 자신이 연구하는 옥수수 속에서 생명의 신비를 바라보았습니다. 인간 생명의 비밀을 밝혀낼 실마리가 옥수수 속에 들어 있음을 직감했지요. 바버라는 자신의 직감을 믿고 생명의 비밀을 바라본 것입니다.

누구에게나 자신의 일을 직감하고 확신하는 순간이 있습니다. 그런 순간이 오면 망설이지 말고 끝까지 매달릴 각오를 해야 합니다.

한 우물을 파다가 그 땅 속에 물이 있는지 없는지 확인조차 해보지 않고 도중에 다른 땅으로 가서 다른 우물을 파기를 반복하는 사람은 하나의 우물도 얻을 수 없습니다. 우물을 파는 동안 내내 딴 생각을 하고 건성건성 하는 사람 또한 어떤 성과도 얻을 수 없습니다. 우물을 파겠다는 목표 지점을 정했다면 적어도 그 안에서 물이 나오는지 안 나오는지 확인할 수 있을 때까지 매달려야 합니다. 하나의 우물을 파서 성공한 사람은 다른 우물도 잘 파서 더 많은 것을 얻을 수 있습니다.

바버라는 스스로 원하는 길을 선택했고 자신이 선택한 길 때문에 평생 외롭고 힘겨운 길을 걸었습니다. 그러나 자신이 믿는 길이었기에 힘든 가운데서도 흔들리지 않았습니다. 덕분에 그녀는 시대를 앞서는 과학적 발견을 해낼 수 있었던 것입니다.

물론 처음부터 집중력이 뛰어난 사람은 흔치 않습니다. 성장하면서 그러한 능력을 점점 키워 나가는 것이죠.
어릴 때는 공부를 못하다가 중·고등학교에 가서 두각을 드러내는 학생들이 있는데, 그런 학생들을 보고 어른들은 "문리가 터졌다"고 말합니다. 그런 학생들은 자라면서 공부에 재미를 붙여서 몰두하는 능력을 가지게 된 경우입니다.
어떤 일을 하는 순간순간 몰두하는 힘을 기른다면 남보다 적은 시간을 투자해서도 좋은 성과를 얻을 수 있습니다.
여러분에게는 집중할 목표가 있습니까? 각자 자신만의 목표를 찾아서 그 목표를 진심으로 사랑하고 목표와 함께 노력하는 과정 자체를 즐기고 사랑해 보십시오. 여러분의 사랑을 듬뿍 받은 목표가 인생과 성공의 비밀을 알려주기 위해 머지않아 말을 걸어 올 테니까요.

『청소년을 위한 시크릿』 중에서……

4 part

숨은 키를 늘려줘요.
키 쭉쭉 마사지

엄마의 사랑과 정성이
가득 담겨 있는
아이를 향한 손길!

지치고 힘든 내 아이의
스트레스와 피로를 풀어주고
성장판을 자극해주는
개운하고 시원한 키 쑥쑥 마사지!!

키 쭉쭉 마사지

엄마와 함께하는 놀이나, 스킨십을 통해 키를 키워줄 수 있다

키 크는 데 좋은 운동은 앞에서 잘 살펴보았지만 막상 아이와 함께 하려면 생각처럼 아이가 따라주지 못하는 경우가 많다. 마음먹고 함께 운동하려고 하면 아이가 어색해하고 수줍어해서 동작을 제대로 소화하지 못하기도 하고 도망을 가버리기도 한다. 또 하루나 이틀 정도는 곧잘 따라 하고 재미있어 하다가도 같은 동작이 며칠 동안 반복되면 아이가 금세 지루해하고 하기 싫어하기도 한다. 이럴 때 필요한 것이 바로 변화이다.

운동의 종류나 동작의 변화도 좋고 운동을 하는 장소나 함께 하는 사람의 변화도 모두 해당된다. 운동을 할 때 아이가 좋아하는 음악을 바꿔가며 틀어주는 것도 좋은 방법이다. 발랄하고 경쾌한 동요나 아이가 좋아하는 최신가요에 맞춰 운동을 하면 좀 더 신이 난다. 그리고 집안에서만 운동을 했다면 아이와 함께 야외로 나가보는 것도 좋다. 주변의 공원이나 운동장에서 아이와 함께 뛰어 놀면서 운동을 하면 훨씬 더 기분이 상쾌하다. 또한 늘 엄마와 함께 운동을 했다면 가끔은 아빠와 함께 운동을 하는 시간도 갖게 해주고 주변의 친구나 동생과 함께 운동하는 것도 좋다.

> 운동을 할 때 아이가 좋아하는 음악을 바꿔가며 틀어주는 것도 좋은 방법이다.

그리고 또 한 가지 바로 '엄마표 마사지'이다.
아이를 사랑하는 마음만 있으면 누구나 쉽게 해줄 수 있는 것이 바로 엄마표 마사지이다.
이리저리 뛰어다니고 친구들과 함께 몸을 맞대면서 놀기를 좋아하는 활동적인 아이가 있는 반면, 한 자리에서 조용히 큰 동작이나 움직임 없이 혼자 장난감을 갖고 놀거나 책읽기를 좋아하는 아이가 있기 마련이다. 아이가 자발적으로 운동에 흥미를 갖고 적극적인 자세로 따라주면 좋겠지만 움직이기를 싫어하거나 운동이나 동적인 놀이에는 관심이 없는 아이에게는 엄마의 도움이 꼭 필요하다. 엄마와 함께 놀면서 몸을 움직이거나, 엄마와의 스킨십으로 키를 키워줄 수 있다.

마사지를 통해 엄마의
손끝에서 느껴지는 기분
좋은 자극으로 아이의 몸
구석구석에 숨어 있는 성장
세포가 살아나게 된다.

마사지를 통해 엄마의 손끝에서 느껴지는 기분 좋은 자극으로 아이의 몸 구석구석에 숨어 있는 성장 세포가 살아나게 된다. 아이가 운동을 하기 싫어할 때에는 무리하게 운동을 시키려고 노력하지 말고 마사지를 해주자. 키가 쭉쭉 크는 것은 물론 두뇌발달에도 좋은 영향을 주고 시각, 후각, 청각, 촉각 등 감각이 발달하고 감성도 풍부해진다.

구석구석 뭉치고 굳은 곳을 풀어주어 키 크는 세포를 만들어주는 마사지, 숨어 있는 성장판을 자극시켜 숨은 키를 찾아주는 키 쭉쭉 마사지를 함께 해보자.

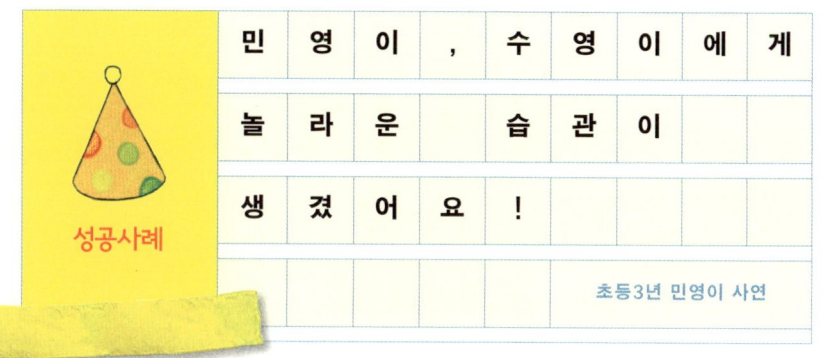

민영이, 수영이에게 놀라운 습관이 생겼어요!

성공사례

초등3년 민영이 사연

> 키가 작은 엄마, 아빠 때문에 사랑하는 우리 아이들까지도 키가 작을까 봐 걱정이 많네요.

저희 부부는 키가 작은 편이에요. 사실 좀 많이 작습니다. 저는 153cm이고, 남편은 165cm예요. 둘 다 이렇게 작다 보니 아이들 키에 대해 걱정도 많고, 고민도 많았어요. 우리 아이들의 키는 저희 부부처럼 작지 않았으면 하는 바람이 늘 간절했답니다. 엄마와 아빠의 키가 작아서 우리를 닮아 키가 작지 않을까 하고요.

우리 큰애 민영이는 초등학교 3학년으로 태어날 때 몸무게가 2.9kg에 키는 53cm 로 아주 평범했어요. 유치원에 다닐 때에도, 초등학교에 들어간 후에도 지금까지 한 번도 앞줄에 서지 않고 늘 뒷줄에서 적당히 큰 키로 저희 부부를 자랑스럽게 해주고 있습니다. 엄마와 아빠의 키가 작아도 우리 민영이가 큰 편이라서 유전적인 요소가 키 크기를 모두 결정하는 것은 아니라는 것이 정말 맞구나 하는 생각이 들더라고요.

민영이의 키가 큰 것은 아주 어렸을 때부터 지금까지 베이비 마사지와 키 크는 요가를 꾸준히 해준 덕분이라고 생각하고 있어요. 키를 크게 키워주는 요인에는 유전적이고 선천적인 요소보다 후천적이고 환경적인 요소가 많은 영향을 미친다는 글을 책에서 본 후로 운동과 마사지를 꾸준히 해주었거든요. 사실 좀 귀찮을 때도 있었지만 혹시라도 키가 작아서 나중에 아이가 속상해하고 저희를 원망하게 될까 봐 정말 열심히 운동을 시켰습니다. 어릴 때부터 성장판을 자극해주는 스트레칭과 요가, 마사지를 해준 것이 우리 민영이의 키가 큰 결정적인 이유 같아서 너무 뿌듯하답니다.

민영이 동생인 여섯 살배기 아들 수영이도 진작부터 함께 요가와 마사지를 병행하고 있어요. 우리 수영이는 아직은 또래보다 큰 키는 아니지만 다행히 작은 키도 아닌 딱 좋은 키랍니다.

매일매일 규칙적으로 꾸준히 하는
운동과 마사지가 우리 아이의 키를
더 크게 만들어줄 수 있습니다.

저희 부부처럼 부모의 키가 작아서 아이의 키도 작지 않을까 고민하시는 분이 계시다면 꼭 말씀드리고 싶어요. 부모의 노력이 아이들의 키를 좌우한다는 사실요. 저희의 경험으로 미루어 보건대 아이의 키에서 유전적인 요인은 사실 별로 많은 부분을 차지하지 않아요. 매일매일 규칙적으로 꾸준히 하는 운동과 마사지가 우리 아이의 키를 더 크게 만들어줄 수 있습니다. 조금 귀찮고 힘들더라도 아이의 미래를 위해 하루에 딱 10분만 투자해보세요. 사랑스러운 우리 아이가 쑥쑥 크는 모습을 눈으로 확인하실 수 있을 거예요. 금세 엄마, 아빠의 키보다 훌쩍 웃자란 건강하고 멋진 아이가 될 거예요.

엄마의 사랑이 느껴지는 키 크는 마사지

부드럽고 섬세한 엄마의 손길과 포근한
사랑을 느낄 수 있는 마사지!
키가 클 수 있는 곳만 쏙쏙 골라
자극해주는 성장 포인트 마사지!

마사지를 통한 엄마와의 스킨십은 아이에게
소중한 존재로 인정받는다는 자신감을
심어주며, 타인에 대한 신뢰감을 발달시킨다.
마사지를 포함한 스킨십은 심리적 효과뿐
아니라 중추신경계에 자극을 주기 때문에
아이의 키 성장에 도움을 준다.
마사지를 통해서 가해지는 압박이 근육신경을
자극해 각종 호르몬들을 분비시키고 몸의
기능을 활성화시켜주기 때문이다.
엄마와 아이의 몸이 닿는 소중한 시간을 통해
서로의 사랑을 확인하고, 키 크는 마사지의
효과를 직접 경험해보자.

1) 쭉쭉 발목 마사지

이럴 땐 요렇게!
발목을 누를 때 억지로 힘을 주어 누르지 마세요.

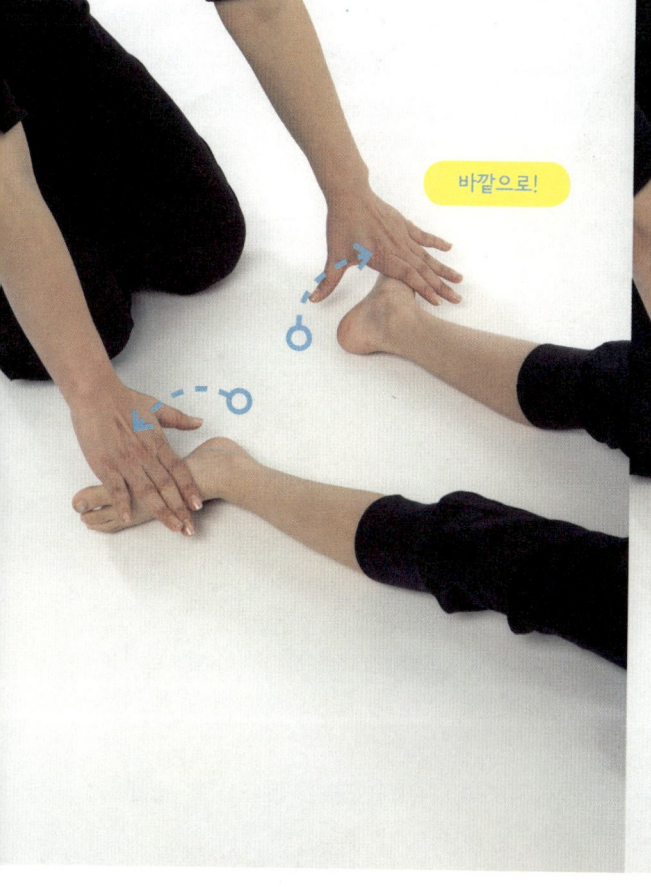

바깥으로!

안으로!

❶ 편안하게 누운 아이의 두 발끝을 잡고 바깥쪽으로 벌려준다.

❷ 다시 두 다리를 안쪽으로 당겨서 엄지발가락이 서로 닿도록 바닥으로 눌러준다.

2) 꾹꾹 발등 마사지

이럴 땐 요렇게!
발가락을 꽉 잡고 누르지 마세요.

꾹 누르기!

❶
두 발을 서로 포개어 꾹꾹 눌러준다.

31 쭉쭉 발바닥 밀기

이럴 땐 요렇게!
발바닥 전체가 하늘을 향하도록 천천히 젖혀주세요.

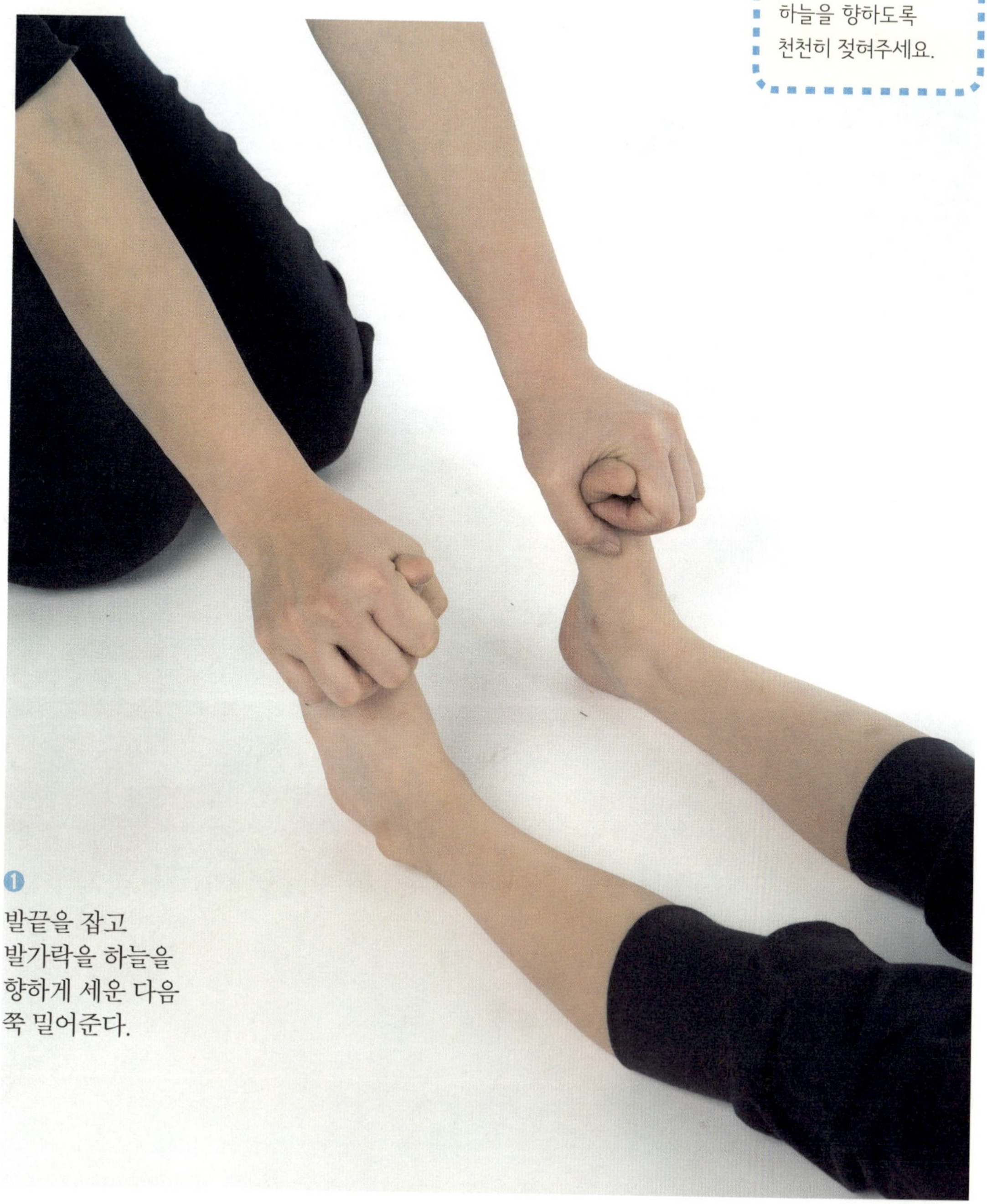

❶ 발끝을 잡고 발가락을 하늘을 향하게 세운 다음 쭉 밀어준다.

4) 쭉쭉 발등 늘려주기

이럴 땐 요렇게!

살짝만 힘을 주고 눌러주세요.

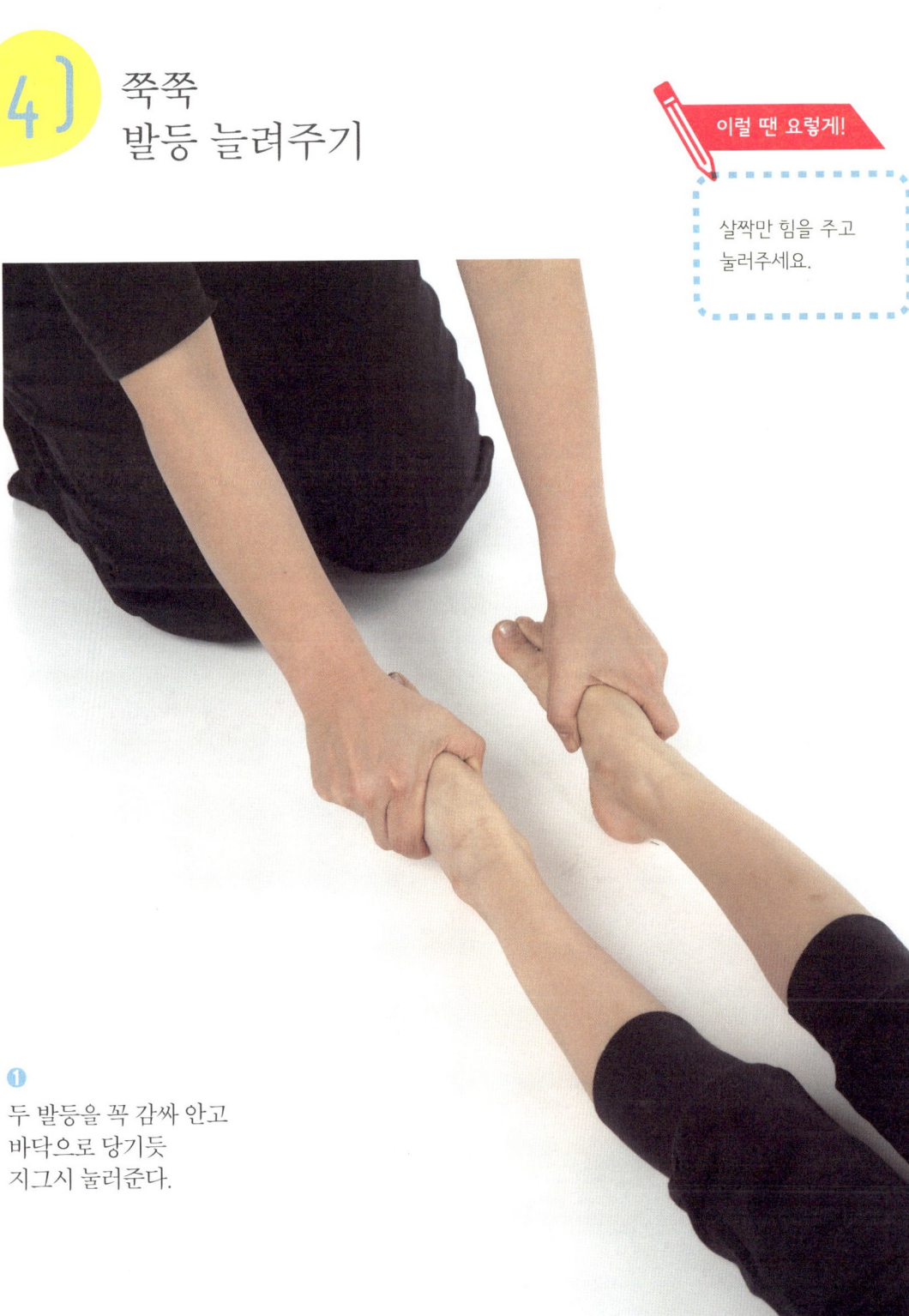

❶ 두 발등을 꼭 감싸 안고
바닥으로 당기듯
지그시 눌러준다.

5) 통통통 발바닥 두드리기

이럴 땐 요렇게!

한 곳만 너무 세게 두드리지 말고 발바닥 전체를 골고루 두드리세요.

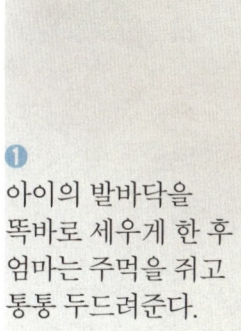

❶ 아이의 발바닥을 똑바로 세우게 한 후 엄마는 주먹을 쥐고 통통 두드려준다.

6] 탱탱 종아리 당기기

이럴 땐 요렇게!

천천히 당겨주세요.

❶ 바닥에 누운 아이의 한쪽 무릎을 세우고 두 손으로 종아리를 감싸쥔 다음, 엄마의 몸 앞으로 당겨준다.

❷ 무릎을 세운 아이 다리의 허벅지에 엄마의 발을 대고 무릎을 직각으로 유지하면서 발목을 잡고 당겨준다.

7) 쭉쭉 상체 올려 당기기

이럴 땐 요렇게!

천천히 들어 올리고 갑자기 손을 놓으면 안 되요.

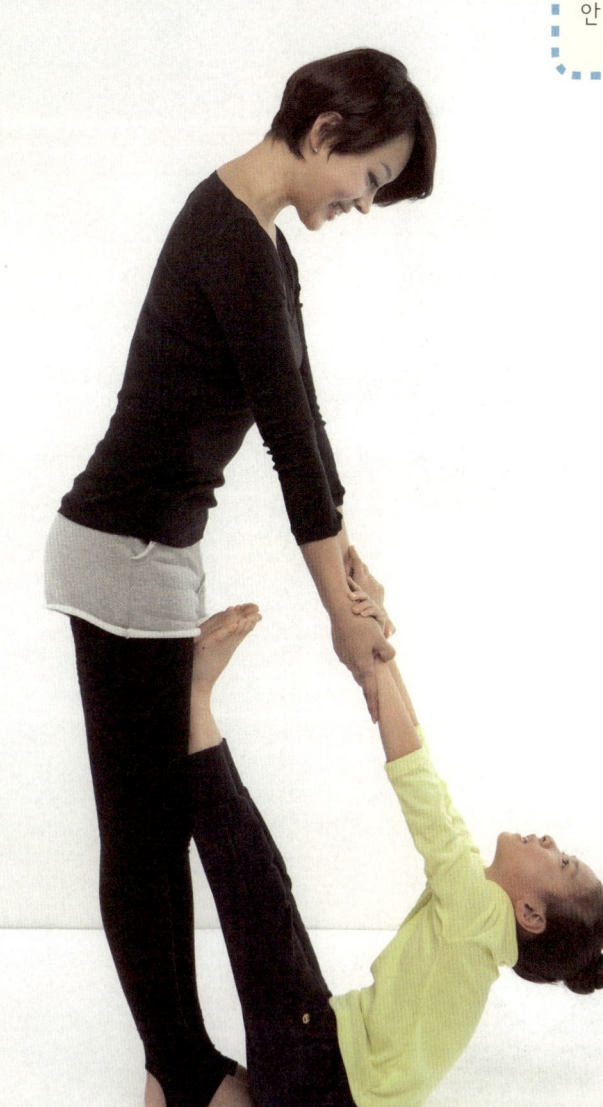

❶ 바닥에 누운 아이의 다리를 들어 올려 엄마의 허벅지에 댄다.

❷ 두 손을 맞잡은 다음, 엄마는 아이의 상체를 들어 올린다.

8) 쭉쭉 다리 접기

이럴 땐 요렇게!

아이의 시선을 마주보며 고개가 틀어지지 않도록 주의하세요.

❶
아이를 바닥에 똑바로 눕히고 엄마는 아이의 무릎을 잡고 앉는다.

❷
아이의 다리를 천천히 뒤로 젖혀 쭉 펴준다.

91 트위스트 추면서 척추 늘리기

이럴 땐 요렇게!
아이의 무릎을 바닥에 닿게 하려고 무리하게 누르지 마세요.

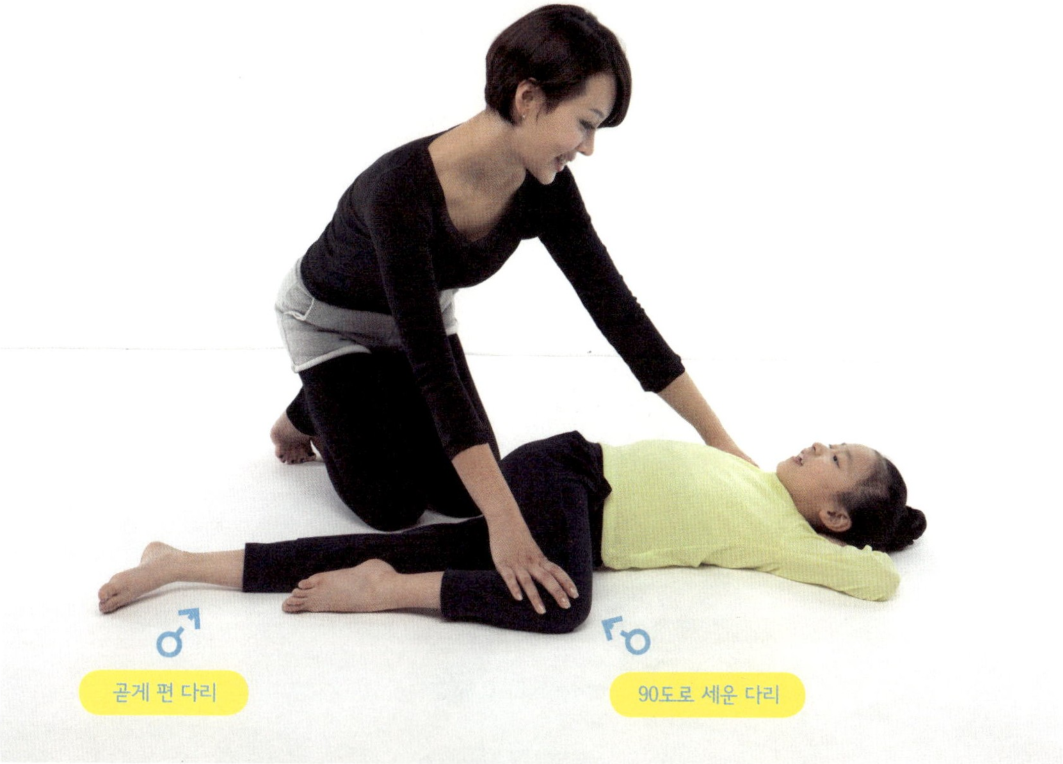

곧게 편 다리 ♂   90도로 세운 다리 ♀

❶ 아이에게 양손을 머리 뒤에 대고 눕게 한 후 한쪽 무릎을 90도가 되도록 구부려준다.

❷ 무릎을 굽힌 다리를 곧게 편 다리 쪽으로 넘겨 무릎이 바닥에 닿게 한다.

10) 털털 다리 흔들기

이럴 땐 요렇게!

발목을 꽉 잡지 말고 편안하게 잡아서 다리 전체가 흔들리도록 해주세요.

❶ 바닥에 편안하게 누운 아이의 두 다리를 들어올린다.

❷ 다리를 잡고 좌우로 흔들어준다.

11 잠이 솔솔 오는 편안한 휴식 자세

❶
등을 대고
편안히 눕는다.

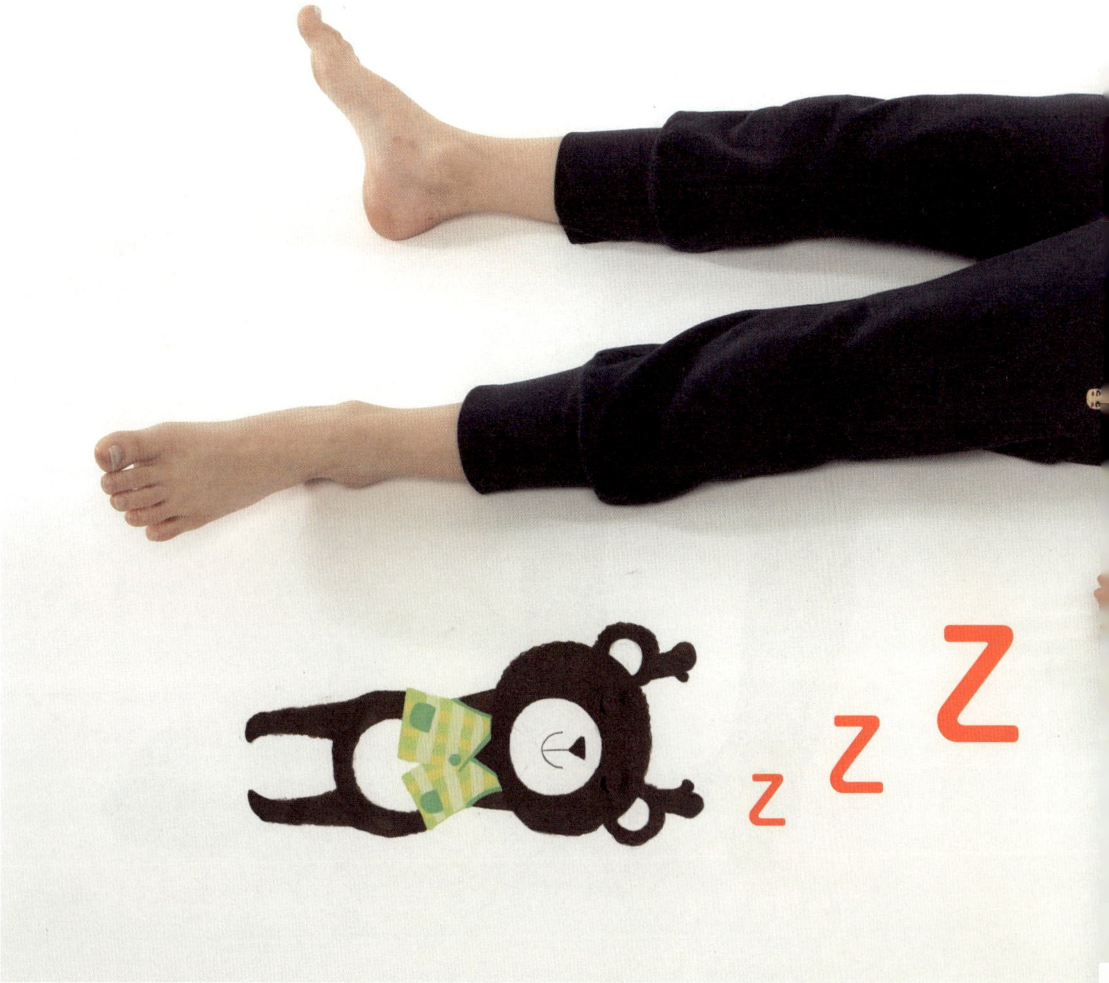

❷
손바닥이 하늘을
행하게 한 뒤 어깨의
힘을 빼고 서서히
온몸의 힘을 뺀다.

이럴 땐 요렇게!

아이의 몸이 틀어진 곳이 없는지 가장 편안한 자세인지 확인하고 바로 잡아주세요.

<용기를 주는 이야기>

미래를 위한
나만의 비밀을 만들어라

비밀의 문은 두드리는 사람에게만 열린다

"미래는 베일에 둘러싸인 숲과 같습니다.
그래서 미래를 위한 나만의 시나리오가 필요합니다.
다른 이에게 햇살이 비추는 길이 나에게도 좋은 길이
되는 것은 아닙니다.
미래를 바라보며 자신만을 위한 비밀 시나리오를 만드는
사람만이 성공의 문을 열 수 있습니다."

영화배우 아널드 슈워제네거는 아메리칸 드림을 꿈꾸며 미국으로 건너온 가난한 이민가정의 아들이자 몸이 약한 어린이였습니다. 무엇이든 열심히 하면 이룰 수 있다는 기회의 땅 미국으로 건너왔지만 성공은 멀게만 느껴졌지요.
그럼에도 그는 남몰래 계획을 세웠습니다. 누가 보더라도 허무맹랑할 정도로 서로 연관성이 없고 실현 가능성은 더더욱 없어 보이는 목표들이었습니다.

어린 시절 그가 가진 재주는 보디빌딩이었습니다. 지금의 단단한 근육질의 몸을 보면 잘 상상이 되지 않지만 어릴 때 아널드는 몸이 약했습니다. 부모님은 몸이 약한 아들의 건강을 위해 이런저런 운동을 시켰고, 그러다 보니 아널드는 몸이 튼튼해졌을 뿐만 아니라 운동에 대한 자질을

깨닫고 자신감도 키울 수 있었습니다. 어떻게 보면 그가 원대한 포부를 가질 수 있었던 것은 운동을 통해 경험한 '하면 된다'는 자신감 덕분이었는지도 모릅니다.
인생이란 여행은 미지의 길을 가는 것과도 같습니다. 어떤 여행자는 처음 떠나는 길에서도 자신이 어디로 가야 할지 금방 방향을 정하고 꿋꿋하게 길을 갑니다. 또 어떤 여행자는 여러 방향으로 헤매다가 뒤늦게 길을 찾기도 하고, 영영 길을 찾지 못한 채 헤매다가 정해진 시간을 끝내고 마는 여행자도 있습니다.
여러분은 이 여행에서 자신의 길을 정확하게 찾아내는 여행자가 될 수 있습니다.
그 방법은 미래를 위한 자신만의 비밀을 만드는 것입니다. 아널드 역시 그러했습니다. 그 누구도 예상치 못한 미래의 계획을 세우고 비밀을 키워 나갔습니다.

"난 이제 쉰여섯 살의 중년 남자입니다. 그리고 이 나이에 와서야 나만의 비밀이 무엇인지 알았습니다. 그것은 믿음입니다."

하나의 목표를 성취한 사람에게는 다음 목표의 성취가 성큼 가까워집니다. 하나의 목표를 성취하면 다음 목표도 성취할 수 있다는 믿음이 생깁니다. 아널드처럼 꿈과 목표를 성취하는 방법도 바로 '믿음'입니다.

작품성 있는 영화를 만들기 위해서는 시나리오가 탄탄해야 합니다. 우리의 인생도 마찬가지입니다. 더구나 인생은 예행연습이나 사전 답사 같은 것은 허용될 수 없는 완전한 생방송입니다. 그렇기 때문에 더욱 구체적이고 탄탄한 시나리오가 필요합니다. 다른 사람의 경험은 참고가 될 뿐, 나에게 똑같이 적용될 수 없습니다. 창작의 고뇌를 거듭하며 나에게 딱 맞는 나만의 시나리오를 창조해야 합니다. 그것은 내 인생에 숨겨진 비밀을 캐내는 일과도 같습니다.
작은 계획부터 실현하여 점점 큰 계획으로 나아가세요. 성공을 향한 비밀의 문은 두드리는 사람에게만 열립니다.
어쩌면 비밀의 문을 두드리는 것이 두려울 수도 있습니다. 그러나 자기 인생에 대한 애착이 없는 사람은 미래에 대한 두려움도 기대도 계획도 없습니다. 미래가 두렵다면 그만큼 자신의 인생을 사랑하고 있는 것입니다. 두려움을 이겨 내는 방법은 탄탄한 목표를 세우고, 철저한 계획을 구상하는 것뿐입니다. 목표를 하나씩 이뤄내고 계획을 실현할 때마다 나는 점점 더 강해지고, 빛을 발하게 됩니다. 그러다 보면 '내 인생 최고의 순간'인 클라이맥스가 성큼 다가와 현실로 펼쳐질 것입니다.

『청소년을 위한 시크릿』중에서……

5 part

키 크는 운동 플랜, 완전정복 가이드

평소에 늘 하는 습관처럼 몸에 밴
키 크는 운동!

잘 보이는 곳에 붙여두고
틈틈이 따라 하는
성장 체조 가이드.

매일 매일 재미있게 따라 하는
키 크는 운동 브로마이드!!

매일매일

아이와 함께 실천으로 옮겨보자

지금까지 배워온 키가 쑥쑥 자라는 운동을 평소에 꾸준히 해서 습관으로 굳어진다면 그보다 더 좋은 키 크기 방법이 없다. 아이의 키를 키우는 가장 효과적인 방법은 키가 크는 데 좋은 운동과 생활방식을 습관으로 만들어주는 것이기 때문이다. 아이의 습관은 대부분 엄마가 만들어주는 대로 자리 잡기 마련이다. 그렇기 때문에 아이의 습관이 길러지는 시기에 엄마가 가르쳐주는 올바르고 규칙적인 생활습관이 매우 중요하다. 아이의 키를 키워주는 성장호르몬은 올바르고 규칙적인 생활습관 속에서 왕성하게 분비된다.

또한 아이에게 키 크는 운동을 습관으로 만들어주기 위해서는 아이에게 이 운동을 왜 하는지에 대한 설명을 꼭 해주어야 한다. 어린아이라고 해도 스스로 생각하고 판단하고 행동할 수 있기 때문이다. 엄마가 아이에게 왜 이런 운동을 해야 하는지 아이가 이해할 수 있도록 쉽게 설명해주면 아이는 더 의욕적으로 운동을 할 수 있을 것이다.

엄마는 아이의 가장 좋은 선생님인 동시에 가장 친한 친구도 될 수 있다. 키 크는 운동을 할 때에는 즐거운 마음으로 아이와 함께 놀이하듯이 운동을 즐겨야 키를 크게 키울 욕심으로 무리하게 아이를 다그치면 안 된다. 조급한 마음을 버리고 아이와 천천히 운동을 반복해야 한다.

인내심을 갖고 아이의 눈높이에서 4~5주 정도의 시간을 가져보자. 물론 아이들마다 운동이 습관으로 굳어지는 데에 필요한 시간이 차이가 날 수 있다. 작은 동작, 쉬운 동작이라도 매일매일 규칙적으로 반복해 아이가 몸과 머리로 기억하고 익숙하게 해주자. 꾸준히 엄마와 함께 키 크는 운동을 계속한다면 어느새 자연스럽게 혼자서도 재미있고 신나게 운동하고 있는 아이의 모습을 볼 수 있을 것이다.

> 엄마가 아이에게 왜 이런 운동을 해야 하는지 아이가 이해할 수 있도록 쉽게 설명해주면 아이는 더 의욕적으로 운동을 할 수 있다.

아이가 항상 볼 수 있는 곳에
브로마이드를 붙여주기만
하면 우리 아이 키 크기
대작전의 절반은 성공한
셈이다.

지금까지 이 책을 꼼꼼히 읽으면서 키 크는 생활습관과 요가, 마사지에 대해 재미있게 배웠다면 이제부터 아이와 함께 실천으로 옮겨보자. 매일 아침, 저녁으로 몸을 쭉쭉 늘려주고 근육과 성장판을 자극해주도록 짜여진 〈우리 아이 키 커지는 데일리 플랜〉과, 일주일을 짜임새 있는 운동과 함께 보낼 수 있도록 요일별로 짜여진 〈우리 아이 키 커지는 위클리 플랜〉과 함께 시작하면 된다.

매일 아침과 저녁 시간대에 적당한 동작으로 엄선된 스트레칭과, 요일의 특성과 아이의 컨디션을 고려해 완벽하게 짜여진 운동 프로그램이기 때문에 아이가 항상 볼 수 있는 곳에 브로마이드를 붙여주기만 하면 우리 아이 키 크기 대작전의 절반은 성공한 셈이다. 상황에 맞게 아이가 쉽고 재미있게 할 수 있는 동작들로 구성되어 엄마와 함께 시작해서 아이 스스로 혼자 할 수 있게 될 때쯤이면 우리 아이의 키는 이미 한 뼘 더 자라 있을 것이다!

daily plan

우리 아이 키 커지는
데일리 플랜

아이가 항상 볼 수 있는 곳에 〈우리 아이 키 커지는 데일리 플랜〉 브로마이드를 붙여주자.
그리고 아이와 함께 브로마이드를 보면서 아침에 한 번, 저녁에 한 번씩 동작을 따라 하도록 설명해준다. 처음부터 아이가 혼자 브로마이드를 보면서 동작을 따라 하기는 어렵기 때문에 아이가 혼자서 동작을 잘 할 수 있을 때까지 반복해서 설명해주고 엄마와 함께 동작을 직접 해보면서 몸에 익히도록 하는 것이 좋다. 하루에 아침저녁으로 10분씩 시간을 내서 꾸준히 매일매일 반복해보자. 아침에 일어나서 브로마이드를 보면서 운동을 하고, 저녁에 자기 전에 브로마이드를 보면서 꾸준히 운동을 하면, 결국 아이는 자연스럽게 운동하는 습관을 가지게 된다. 그리고 이제 키 커지는 체조가 아이의 습관이 되었구나 생각하는 순간 몰라보게 커진 아이의 모습에 미소짓게 될 것이다.

1. 저녁 스트레칭
Good evening Stretching

2. 아침 스트레칭
Good morning Stretching

평소에 쓰지 않던 근육까지 골고루 사용하기 위해서는 빨리 움직이지 말고 아주 작은 동작이라도 천천히 움직이는 것이 좋다. 자극이 골고루 전달되어 우리 몸의 각 기관이 활발하고 조화롭게 성장하게 된다. 매일 밤, 잠이 들기 전에 한다면 아이가 운동이 끝난 후에 편안한 자세로 푹 쉴 수 있기 때문에 매우 효과적이다. 잠자기 전에 불안하거나 기분이 좋지 않은 상태로 잠이 들면 깊은 잠을 잘 수 없기 때문에 키 크는 데에 방해가 된다. 잠을 푹 자지 못한다면 스트레스를 받게 되고 그 스트레스로 인해 성장호르몬의 분비량도 자연스럽게 줄어든다.

아침 운동은 세포를 생생하게 만들어주기 때문에 하루의 시작을 활기차게 해준다.
아침 일찍 일어나면 자는 동안 굳어 있던 근육과 관절을 부드럽게 풀어 줄 수 있도록 쭉쭉 기지개를 켜주면 좋다. 늘씬한 롱다리로 클 수 있도록 즐거운 마음으로 하는 것이 가장 중요하다.

4 강아지 자세 준비   **5** 강아지 자세   **6** 엎드려 쉬기

7 팔들어 뻗기

❶~❸ 먼저 고양이 자세로 척추를 위아래로 구부리고 펴주기를 반복한다.
❹~❺ 다시 강아지 자세로 어깨, 등 그리고 다리를 펴주어 온몸을 늘려준다.
❻ 엎드려 웅크린 자세로 돌아와 잠시 등을 편안하게 쉬어준다.
❼ 자리에 무릎을 꿇고 앉아 팔을 머리 위로 뻗어 척추를 들어올린다.
❽~❾ 엉덩이를 바닥에 대고 앉아서 책상 자세로 다리와 팔의 힘을 기른다.
❿ 바닥에 등을 대고 누워 몸의 힘을 서서히 모두 뺀다.

한 동작을 마치고 다음 동작을 할 때에 자연스럽게 동작을 연결하면서
리드미컬하게 이어 나간다. 그런 다음 처음 동작으로 되돌아와서 다시 시작한다.
처음부터 마지막 동작까지 두 번 이상 반복한다.
자기 전의 스트레칭은 천천히 해야 하고 동작이 완성되었을 때는 완성동작에서
1분 정도 멈추어야 한다.

8 책상 자세 준비   **9** 책상 자세   **10** 누워서 쉬기

3 코브라 자세 준비

4 코브라 자세

❶ 바르게 중심을 잡고 선다.
❷ 발을 바닥에 붙이고 상체를 숙여 등을 늘여준다.
❸ 배를 바닥에 대고 엎드려 팔로 바닥을 지지하고
❹ 가슴을 서서히 들어 올리며 펴준다.
❺ 바닥에 손과 발바닥을 대고 머리가 아래로 가고 엉덩이가 위로 올라가는 강아지 자세를 취한다.
❻ 손바닥을 바닥에서 떼면서 천천히 상체를 들어 올려 팔을 하늘 높이 들어 올리며 뻗어준다.
❼ 가슴 앞에 손을 모아 호흡을 길게 내쉰다.
❽ 손을 내리고 바르게 서서 휴식을 취한다.

5 강아지 자세

한 동작을 마치고 다음동작을 할 때에 자연스럽게 동작을 연결하면서 리드미컬하게 이어 나간다.
처음동작으로 되돌아와서 다시 시작한다.
처음부터 마지막 동작까지 두 번 이상 반복한다.

6 팔 들어 하늘 뻗기

7 손 모아 서기

8 바르게 서기

weekly plan

우리 아이 키 커지는
위클리 플랜

'아이들이야 만날 뛰어다니는데 무슨 운동이 더 필요할까?'라는 생각은 금물! 온몸의 관절 부분을 골고루 자극해주고 근육 주변을 부드럽게 해주는 운동은 따로 있다.
〈우리 아이 키 커지는 위클리 플랜〉은 매일매일 다른 요가동작으로 지루하지 않고 효과적인 운동을 할 수 있도록 도와주는 키 성장 도우미이다. 요일에 알맞은 동작들로 난이도를 조절하면서 운동하기 때문에 마구 뛰어놀 때와는 또 다른 운동 효과를 볼 수 있다.
아이가 습관적으로 자연스럽게 운동 할 수 있도록 아이와 함께 시간표를 만들어서 운동하는 시간을 정하고 늘 같은 시간에 운동을 하도록 하자. 규칙적이고 꾸준한 운동은 아이의 키를 크게 키우는 데 일등공신이 될 것이다.

1. 월 2. 화 3. 수
Monday Tuesday Wednesday

4. 목 5. 금 6. 토
Thursday Friday Saturday

1. Monday

유연성을 길러주는 **월요일**

유연성은 키 크는 데 가장 필수 조건!
몸을 고무줄처럼 늘였다 줄였다 하는 동작들은 유연성을 기르는 최고의 방법이다.
온몸 펴기-늘이기-구부리기-좌우 균형 맞추기로 유연성을 길러주자.

1. 선 자세
2. 팔 들어 올린 자세
3. 서서 앞으로 숙인 자세
4. 삼각 자세 준비
5. 삼각 자세
6. 팔 들어 올린 자세
7. 선 자세

2. Tuesday

집중력을 키워주는 **화요일**

다리는 우리 몸의 뿌리 역할을 해준다. 그런 중요한 다리의 힘을 길러주기 위해서는 한쪽 다리로 서 있는 동작이 효과적이다. 나무 자세처럼 한쪽 다리로 서 있는 동작은 발목과 허리에 힘을 길러주고 집중력을 길러준다. 화요일에는 집중력을 키워주는 자세와 함께 다리와 허리의 성장점도 자극해주자.

1 손 모은 자세

2 나무 자세(1)

3 나무 자세(2)

4 발목잡고 중심잡기(1)

5 발목잡고 중심잡기(2)

6 손 모은 자세

3. Wednesday

근육의 힘을 키워주는 **수요일**

키가 쑥쑥 크려면 뼈가 잘 자라는 만큼 근육도 함께 자라야 한다. 근육이 뼈를 세워주는 지지대의 역할을 하기 때문이다. 몸에는 여러 가지 근육이 있는데 근육을 단단하게 만들어주는 동작을 하면 근육의 힘을 키워줄 수 있다. 화요일에는 강아지 자세와 보트 자세로 다리와 배에 있는 근육의 힘을 키워주자.

1 강아지 자세 준비
2 강아지 자세
3 쪼그려 앉기
4 보트 자세 준비
5 보트 자세
6 다리 뻗고 앉기

4. Thursday

구부정한 허리를 쭉 펴주는 **목요일**

아이의 몸 속에는 꼭꼭 숨은 키가 있다. 앞으로 굽은 등과 구부정한 허리만 펴줘도 원래 가지고 있는 키를 되찾을 수 있다. 팔을 뒤로 하고 등을 활 자세로 만들어주는 동작은 평상시 구부정한 등허리를 펴는 데 아주 좋은 동작이다. 목요일에는 엎드려 다리 올리기와 활 자세로 숨어 있는 키를 찾아주자.

1 무릎 손바닥 닿기

2 메뚜기 자세 준비

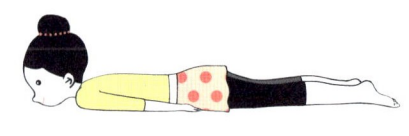

3 메뚜기 자세

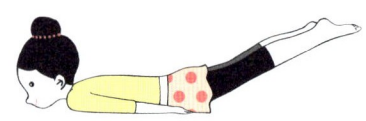

4 물개 자세 준비

5 물개 자세

5. Friday

척추를 자극해주는 **금요일**

우리 몸의 기둥 역할을 하는 척추는 무거운 가방을 메거나 비뚤어진 자세로 생활하면 뼈의 부드러운 부분인 연골이 눌리면서 키 크는 것을 방해하게 된다. 이럴 때에는 척추 주변의 근육을 마사지 해주고 좌우로 비틀어주자. 금요일에는 등 구르기와 누워서 다리 들어 비틀기로 척추를 곧고 바르게 잡아주자.

1 등대고 눕기

2 엉덩이 올리기 자세

3 무릎 가슴 닿기

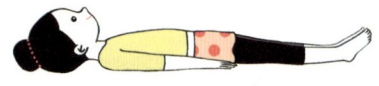

4 머리 무릎 닿기

5 다리 들어 비틀기

6 두 다리 들고 흔들기

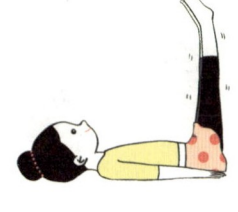

6. Saturday

혈액순환을 도와주는 **토요일**

몸을 거꾸로 하는 자세는 신선한 산소와 에너지를 몸속에 불어 넣어주고 활력이 넘치게 한다. 산소가 풍부하게 녹아 있는 신선한 혈액으로 뇌를 맑게 해주고 다리에 고여 있는 혈액을 다시 흐르게 해주는 효과가 있다. 토요일에는 몸을 거꾸로 하는 자세와 누워서 다리를 들어 올리는 자세로 맑은 피가 몸의 구석구석까지 골고루 갈 수 있도록 도와주자.

1 바닥에 눕기

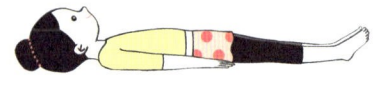

2 두 다리 들어올리기

3 누워서 무릎 구부리기

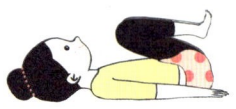

4 쟁기 자세

5 두 다리 들어 올리기

6 바닥에 누워 쉬기

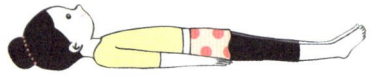

<용기를 주는 이야기>

목표란 매 순간 가슴에 그리는 '나만의 이미지'

"목표란 자신이 되고자 하는 모습을
구체적이고도 분명하게 가슴속에 새기는 것입니다.
언젠가는 그 이미지가 살아 나와서 나의 현실이
될 것입니다."

나만의 이미지를 날마다 '그리고', '쓰고', '믿어라'

힐튼 호텔의 창업자인 콘래드 힐튼은 아침마다 걸레질로 하루를 시작하는 조그만 호텔의 종업원이었지만 가슴속에는 아무도 알지 못하는 자신만의 이미지가 있었습니다. 그 이미지는 고급스럽고 체계가 잡힌 유명 호텔의 사장이 된 자신의 모습이었습니다. 지금은 조그만 호텔 주인이 시키는 대로 잡일을 하며 생계를 잇는 가난한 처지였지만, 그에게는 자신만의 꿈이 있었기에 미래에 대한 기대로 언제나 가슴이 벅차올랐습니다.

"내가 호텔 종업원으로 일할 때 나보다 뛰어난 사람은 얼마든지 있었지요. 그러나 그들은 나처럼 하루도 빠짐없이 자신의 미래를 생생하게 그리지는 않았어요."

누구에게나 바라는 일이 있습니다. 이루고 싶은 일이 있습니다. 그러나 무언가를 바라고 계획하는 일은 누구든 할 수 있지만 중요한 것은 '어떤 식으로 바라고 계획하느냐'입니다. 만약 힐튼이 남의 호텔에서 일하며 그저 성실하게만 생활했다면 그의 미래는 월급이 조금 오른 종업원에 지나지 않았을 것입니다. 그러나 힐튼은 초라한 현실 속에 몸을 담고 있으면서도 날마다 자신이 사장이 된 자랑스러운 모습을 상상했습니다. 막연하고 허황된 상상이 아니라 구체적이고 확신에 찬 자신의 모습이었지요.

하루하루 열심히 생활하는 것만으로는 부족합니다. 분명한 목표가 있어야 오늘의 수고가 헛되이 흘러가버리지 않고 목표하는 방향을 향해 효과를 발휘할 수 있습니다. 끊임없이 미래를 상상하고 기대하는 사람에게는 자연스럽게 기회가 다가옵니다. 호텔 왕 힐튼이 그랬듯이 자신이 기대하는 모습을 상상하십시오. 내가 상상하는 그 목표가 언젠가 나의 현실이 될 것을 확신하면서 말입니다.

아주 작은 일이라도 성취하려 할 때는 분명한 목표가 필요합니다. 막연한 희망사항은 언제나 희망사항으로 끝날 뿐이니까요. 만약 성적을 올리기 원한다면 분명한 목표를 정하고, 목표를 이룬 자신의 모습을 마음으로 그려야 합니다.

운동선수들은 실제 몸을 움직이는 훈련과 함께 이미지로 하는 행동 훈련을 합니다. 행동과 상상의 행동이 별개의 것이 아니기 때문에 이미지로 그려보는 훈련이 실제 행동에도 효과를 발휘하는 것입니다.

"내게는 원대한 꿈이 있었어요. 자금을 구하러 다니던 상황에서도 잡지에서 뉴욕의 월도프 아스토리아 호텔 사진을 보고는 그 호텔을 손에 넣겠다고 목표를 세웠지요. 그것이 나를 앞으로 나아가게 하는 힘이 되었습니다."

힐튼이 뉴욕의 아스토리아 호텔을 손에 넣겠다고 목표를 세운 것처럼, 1년 뒤 혹은 2년 뒤 그리고 10년 뒤의 우리 모습은 바로 우리의 상상 속에 있습니다.
1학기 때보다 성적이 많이 올라 우등생이 된 나, 친구들에게 인기가 많은 나, 원하던 무대에 서서 기타나 드럼 연주를 하는 나, 성공한 사업가가 된 나, 유명인이 된 나……. 이렇듯 수많은 장면이 주인을 만나길 바라며 잠재의식 속에 떠다니고 있습니다.

바라는 일이 있다면 목표를 세우세요. 그리고 날마다 뜨거운 마음으로 그려보고, 종이에 써 보고, 이뤄진다고 믿으십시오. 그러한 목표가 우리를 앞으로 나아가게 하는 힘이 됩니다. 수십 개의 목표가 쌓인 순간 꿈이 이뤄지는 기적이 일어납니다. 지금, 미래를 상상하고 글로 옮기고 믿는 매 순간이 바로 기적과 같은 소중한 시간들입니다.

『청소년을 위한 시크릿』 중에서……

저자 신혜숙

국내에서 베이비 마사지, 어린이 요가, 하면 가장 먼저 손꼽히는 전문가다. 한양대학교 대학원에서 생활스포츠학을 전공하고 현재 덕성여대 평생교육원에서 '베이비 요가 지도사 과정'을 맡아 전문가들을 양성하고 있으며, 한국모자건강교육 협회 협회장으로 활동하고 있다.

그녀는 "아이들이 책상 앞에 앉아서 열심히 공부하는 것만큼이나 바깥에서 신나게 뛰어놀며 건강하게 자라나는 것은 중요하다"고 말하며 자신의 육아 경험을 바탕으로 아이의 건강교육에 관련된 다양한 저서를 집필했다. 특히 이 책에서는 유전 혹은 환경적인 요인으로 키 때문에 고민하는 아이들에게 '키 크는 습관'을 들일 수 있는 간단하면서도 재미있는 방법들을 소개하고 있다.

실제로 그녀는 유전자와 관계없이 또래에 비해 훨씬 큰 키를 가진 두 아이의 엄마이기도 하다. 자신의 자녀뿐 아니라 다양한 실례에 대한 경험을 바탕으로, 이 책을 통해 하루 30분 엄마의 작은 관심이 아이들의 미래에 얼마나 큰 영향일 미치는지에 대해서 조목조목 설명해준다. 세상 모든 아이들이 더욱 건강한 몸, 예쁜 몸으로 자라날 수 있도록 마사지와 요가 프로그램에 대해 지금도 끊임없이 연구 중이다.

〈KBS 꼬꼬마 텔레토비〉 〈스펀지〉 〈육아TV 베이비 마사지〉 〈재능방송 야랑이의 TV 유치원〉 〈MBC 우리 결혼했어요〉 〈KBS 소녀시대의 헬로 베이비〉 등의 각종 방송 프로그램에 출연했으며 〈MBC 뽀뽀뽀 어린이 율동 요가〉 비디오와 〈엄마 변정수의 쭉쭉빵빵 베이비 마사지 30분〉 DVD 자문위원으로도 활동했다.

현재 IAIM 국제마사지 협회 인스트럭터, YK USA 트레이너로 활동하고 있다.

"키 크는 요가 함께해서 너무 즐거웠어요!"

책을 빛내준 건강한 모델들을 소개해요!

좌측부터

박연우
8살 연우는, 연극하는 것과 노래하는 것을 좋아하고요,
예쁜 미소 짓기가 특기랍니다.

박재우
웃는 얼굴이 예쁜 재우는 9살 씩씩한 아이에요. 태권도를 잘하고
몸으로 하는 건 뭐든 자신 있답니다.

엄마모델 최정임(현대무용가)

이혜빈
초등학교 3학년인 혜빈이는 독서와 글쓰기를 좋아하고요,
몸이 유연해서 발레도 아주 잘한답니다.

Staff
북 디자이너 _ 윤시호(by3449@gmail.com), 노현옥(bncom@gmail.com) / 포토그래퍼 _ 박민석(by2263@gmail.com) /
정리 _ 최오미(na-omi@nate.com)
스타일리스트 _ 정부자 실장 / 의상협찬 _ 어린이와 키덜트를 위한 브랜드 Clan-C클랜씨(blog.naver.com/clan_c)

키즈 뷰티 바이블 1
우리 아이 키 커지는 하루 30분

| 펴낸날 | 초판 1쇄 2010년 7월 29일 |

지은이	신혜숙
펴낸이	심만수
펴낸곳	(주)살림출판사
출판등록	1989년 11월 1일 제9-210호

경기도 파주시 교하읍 문발리 파주출판도시 522-1
전화   031)955-1350
팩스   031)955-1355
기획·편집 031)955-1383
http://www.sallimbooks.com
book@sallimbooks.com

ISBN   978-89-522-1386-0 13370

* 값은 뒤표지에 있습니다.
* 잘못 만들어진 책은 구입하신 서점에서 바꾸어 드립니다.

책임편집   정현미